인도,
아름다움은
신과
같아

인도, 아름다움은 신과 같아

인도 여성의 미, 어제와 오늘

초판 1쇄 인쇄 2014년 7월 20일 ＼**초판 1쇄 발행** 2014년 7월 25일
지은이 이옥순 ＼**펴낸이** 이영선 ＼**편집 이사** 강영선 ＼**주간** 김선정 ＼**편집장** 김문정
편집 임경훈 김종훈 김경란 ＼**디자인** 김회랑
마케팅 김일신 이호석 이주리 ＼**관리** 박정래 손미경

펴낸곳 서해문집 ＼**출판등록** 1989년 3월 16일(제406-2005-000047호)
주소 경기도 파주시 광인사길 217(파주출판도시) ＼**전화** (031)955-7470 ＼**팩스** (031)955-7469
홈페이지 www.booksea.co.kr ＼**이메일** shmj21@hanmail.net

© 이옥순, 2014
ISBN 978-89-7483-668-9 04910
ISBN 978-89-7483-667-2(세트)
값 15,000원

이 도서의 국립중앙도서관 출판시도서목록(CIP)은 e-CIP 홈페이지(http://www.nl.go.kr/ecip)에서
이용하실 수 있습니다.(CIP제어번호: CIP2014020057)

《아시아의 미Asian beauty》는 아모레퍼시픽재단의 지원으로 출간합니다.

아시아의 미
Asian beauty 1

인도,
아름다움은
신과
같아

인도 여성의 미,
어제와
오늘

이옥순
지음

서해문집

이건
우리 문화가
아닙니다!

1996년 가을 인도 남부의 아름다운 '에어컨 도시' 방갈롤루에서는 미스월드선발대회가 열렸다. 그러나 행사는 순조롭게 진행되지 않았다. 여성의 육체를 전시하면서 여성의 지성과 자존심을 모욕하는 행사라고 대회를 반대하는 운동이 시작됐기 때문이다. 데모대는 서구의 바비Barbie인형을 닮은 미인을 부정하고 인도 현실에 맞는 여인들의 그림과 사진을 내세우며 반대했다.

미인대회를 거부하는 운동은 전국 도처에서 전개되었다. 여성단체뿐만 아니라 보수적 정당과 정의감에 불타는 많은 학생들도 이 운동에 가세했다. 반대운동이 거세지자 한 남자가 인도 여성의 품위를 깎아내리는 미인경연대회를 비판하며 분신자살을 시도했다. 세상에서 가장 자유롭고 극성스러운 인도의 각종 언론들도 미인대회에 적극적인 반응을 보이지 않았다.

넓은 대양에서 예상하지 못한 큰 암초를 만난 주최 측은 인도가 개최하는 최초의 국제적인 미인선발대회라는 점을 주장하고 인도인의 애국심에 호소하며 대회를 추진했다. 그러면서 세계 115개 국가에서 30억 명의 시청자가 미스월드대회를 통해 인도를 더 알게 될 좋은 기회라고 덧붙였다. 그러나 그런 주장은 반대운동에 나선 사람들을 설득하는 데 역부족이었다.

이건 우리 문화가 아닙니다!

반대자들은 이렇게 말했다. 가장 큰 비판의 화살은 수영복 심사로 대표되는 여성의 과도한 노출을 향해 날아갔다. 인도 문화는 배꼽을 내놓는 옷차림을 괜찮게 여기면서도 다리를 껑충하게 드러내는 걸 금기로 알기 때문이다. 각선미를 자랑하는 즉 정강이를 있는 대로 드러내는 여배우를 저급하다고 여기는 인도인의 정서가 미인대회를 부정적으로 받아들이게 만든 것이다. 고민을 거듭한 주최 측은 선발대회에 참가한 미인들의 수영복 심사를 인도가 아닌 인도양에 있는 외딴 섬나라 세이셸Seychelles에서 따로 열겠다고 절충안을 내놓았다.

그해 인도에서 열린 미스월드선발대회는 더 이상 문제를 일으키지 않고 마무리되었다. 88개국을 대표하는 미녀들은 노출이 덜한 복장으로 자신의 아름다움을 자랑했다. 미인이란 더 입어도 덜 입을 때처럼 아름답기 때문이다. 물론 경찰 2만 5000명이 삼엄하게 경비를 펴고, 만약의 사태를 대비하려고 행사기간 중에 참가한 미녀들의 바깥출입을 제한한 덕도 있었다.

이러한 소동을 바라보는 외부세계의 반응은 곱지 않았다. 일부는 인도가 서구 중심의 미인대회에 열등감을 가졌다고 해석했다. 그러나 그런 판단은 절반만 진실이다. 인도는 아시아의 여러 나라 중에 유일하게 그 전에 이미 세 차례나 미스월드 타이틀을 차지한 적이 있고, 미스유니버스도 배출했기 때문이다. 그 덕분에 그해 미스월드대회가 인도에서 열리게 된 것이다.

1996년 미스월드선발대회를 반대하는 운동에는 여러 가지 원인이 복합적으로 작용했다. 서구화를 대하는 보통사람의 두려움이 깔려 있다는 점을 가장 먼저 언급해야 할 것이다. 1991년 인도가 오랜 고립을 깨고 경제 자유화와 개방으로 방향을 바꾼 뒤에 세계화라는 이름으로 많은 변화가 진행되었고, 여성도 그 변화의 소용돌이에 있었다.

이건 우리 문화가 아닙니다.

이런 주장은 자기 문화를 지키려는 아름다운 자긍심의 소산만은 아니다. 변화의 소용돌이 속에서 잃을 것이 있거나 나아갈 길을 선명하게 볼 수 없는 사람들은 앞으로 나아가고 미래를 꿈꾸는 걸 주저하는 법이다.

당시 이 사건을 지켜보면서 내가 주목한 것은 미인경연대회를 거부하며 내세운 그들의 구호였다. 미인들이 수영복을 입고 신체를 노출하는 문화가 가장 큰 비판의 대상이었는데, 과연 다리를 드러내는 것이 밖에서 들어온 싸구려 문화인지가 궁금해졌다.

그렇다면 인도의 '우리 문화', 인도 문화에서 아름다움과 미인은 어떤 모습인가? 인도에서 아름다움은 무엇이고, 미의 이상형은 어떤 모습이며, 그러한 문화는 어떻게 구성되는가? 인도의 미인들은 서구의 미적 이상형과 어떻게 다르며, 다른 아시아 특히 중국의 미인과는 닮았는가, 아닌가? 그 이유는 무엇인가?

그다지 중요하지 않은 사건이 역사적인 일이 되는 경우가 있다. 역사가 역설을 좋아하는 것일까? 1994년 두 인도 여성이 서구의 미인을 제치고 주요 세계미인대회의 왕관을 차지한 뉴스도 그랬다. 즉 젊고 아름다운 인도의 미인들이 미스유니버스와 미스월드에 뽑힌 것이다. 그때까지 인도에서는 미인대회나 거기에서 선발된 여성들이 별달리 주목받지 못했다. 그러나 이후 사정은 사뭇

달라졌다.

1980년대 후반에서 1990년대 초까지 인도의 수도 델리에서 살았던 내 경험에 비추면 그때까지만 해도 인도 여성은 미용을 무심하고 소박하게 인식하는 편이었다. 고유의 미적 인식과 나름의 미 방식이 있었으나 그 모든 것은 아직 상업적이지 않았다. 여성잡지가 주최하는 미스인디아선발대회를 중계하는 방송사나 누가 인도의 미인대표로 선발되었는지를 크게 다룬 언론도 없었다. 그건 그저 그들만의 리그, 관련 분야에 종사하는 '업자들'만의 일이이었다. 단순하게 말하면 그때까지 인도에서 여성의 아름다움은 사적 영역에 있었다.

1990년대 중반부터 세계미인경연대회에 나가는 관문인 미스인디아선발대회가 각광받기 시작했다. 인도가 세계화에 나선 이후였다. 여성을 아름답게 만들어주는 미용 산업과 관련 산업이 성황을 누렸다. 화장품 산업과 미와 관련된 상품을 소개하는 광고업계도 눈부시게 발전했다. 긴 사리로 몸을 감싼 조신한 인도 여성의 이미지를 벗고 여성의 얼굴과 몸이 언론과 대중에게 주목받게 된 것도 이때부터였다.

아름다움이 사적 영역에서 공적 영역으로 편입된 데에는 1994년 미스월드의 왕관을 쓰고 그 여세를 몰아 영화계에 데뷔한 라이 Aishwarya Rai의 역할이 컸다. 지금도 영화배우로 승승장구하는 라이는 세계에서 가장 아름다운 여성으로 불리면서, 변화가 모든 것이 된 불안한 시대에 인도인의 자긍심을 한껏 키웠다. 세계적으로 인정받은 아름다운 여성인 그는 인도의 전통과 가치를 지닌 미의 대사大使로 일컬어졌다.

역설적인 것은 국제적 기준에 부합하는 미와 몸매를 가져서 미스월드가 된 라이가 가장 인도를 대표하는 미인으로 여겨지는 점이다. 서구적인 아름다움을 추구하고 서구 미인의 조건을 두루 갖춘 그가 인도 문화를 지키고 보존하는 여성이 되었다. 우리나라의 '미스코리아'가 국제대회에서 통합 미인이면서도 막상 국제대회에선 한복을 입고 한국의 미를 대표하는 것과 같다.

이로써 인도를 대표하는 미인, 인도적印度的인 아름다움은 무엇인가, 라는 앞의 질문과 다시 만난다. '인도적인 여성'에서 연상되는 이미지는 인도의 문화와 전통을 잃지 않은 고전적인 여성이다. 그러나 5000년 전 인더스 강가에 살던 여성이 오늘날 국제미인대회에서 환영받을 가능성은 없지 않은가. 즉 현대적이고 글로벌한 아름다움을 가져야만 국가대표이자 미의 사절로 국제미인대회에 참가할 수 있다. 그들은 인도 여성이지만, 인도적인 여성은 아니다.

그래서 '아름다운 여성'은 역설적이다. 여성의 상품화에 반대하는 '순수'한 여성이 외적 아름다움과 바람직한 몸을 다투는 미인대회에 나올 가능성이 없고, 서구적이고 현대적인 미 인식과 미용법에 문외한인 여성이 미인대회의 승자가 될 수도 없기 때문이다. 그래도 미인대회에서 선발된 미인들은 순수한 인도 여성, '인도다운' 여성의 수식어를 붙이고 미의 사절이 된다.

인도에서도 이제 미인대회의 우승자가 미의 이상형이 되어간다. 본래 아름다움이란 그 나라의 문화 관습이나 가치와 연계되지만, 서구 미인이 미디어의 집중 주목을 받으면서 미에 대한 지역적·계층적 다양성이 옅어지고, 획일적인 미가 기준이 된다. 국제적으로 인정받는 보편적인 아름다움과 인도 여성만의 특수한 아름다움을 동시에 강조하는 모순도 생긴다. 그 몫은 아름다운 여성의 것이다.

더욱 큰 괴리는 우리나라에서 그렇듯이 서구적 미인이 현대적이고 세련되었다고 여겨지는 반면에 전통과 손잡은 여성들이 그 반대편에 자리매김하는 점이다. 서구 중심의 미의 표준과 이상형이 전 세계에 영향을 주는 상황이 인도에서도 그대로 이어진다. 그리하여 여성이 나라 밖 기준으로 자신의 아름다움을 따지면서 생기는 문제가 나타난다. 즉 새로 나온 미의 기준에 맞추느라고 억압과 고통을 받는 여성이 탄생한다.

오늘날 인도의 미디어가 세뇌하는 미의 이상형은 인도 여성이 생물학적으로 다다를 수 없는 수준이다. 세계적으로 인정받는 미인 즉 키가 크고 날씬하며 백인처럼 흰 피부를 가진 여성이 아름답다. 그러나 그 이상형은 고대 산스크리트 연극의 주제처럼 대다수 인도 여성에게 '이룰 수 없는 꿈'이다. 미스월드에서 영화배우로 변신하여 성공적인 삶을 사는 라이는 키가 크고 날씬하며 피부가 하얀, 서구적 미인이다. 그런데도 라이는 사리를 휘감은 전통 복장으로 나올 때가 많다. 소비주의와 손잡은 각종 미용 산업은 라이를 선망하는 인도 여성에게 그처럼 아름다워질 수 있다고 희망을 주지만, 동시에 그렇게 될 수 없다는 절망도 준다.

결국 오늘날의 인도에서는 고전적인 미인이 더 이상 이상적인 여성이 아니다. 미의 이상형이 변한 것이다. '변화'라는 표현을 쓰는 것은 인도의 이상적 여성상이 지금의 변화를 이끄는 서구의 이상형과 다르다는 걸 의미한다. 여기서는 서구의 표준이 대두되기 이전 인도 미인의 표준이 무엇이고, 그것이 어떻게 변화하여 오늘에 이르렀는지를 역사적으로, 문화적으로 추적한다.

차
례

012   이건 우리 문화가 아닙니다! / prologue

I.   미는 신과 같아
─────────────────────────

029   미는 신이 준 선물

038   여성이 아름답다

051   꾸며야 아름답다

063   아름다운 힌두 여신

2.   미의 이상형

079   문학 속의 미인

092   조각과 그림 속 미인

100   벗은 몸이 순수하다

110   맘이 고와야 미인

120   긴 머리 여인이 미인

131   어머니가 아름답다

3.   아름다움은 현실

147   가부장제 속의 아름다움

149   기혼 여성이 아름다워

164   얌전한 여성이 예뻐

180   장신구는 많을수록 좋아

193   이슬람 여성과 아름다움

205   잠자리 날개 같은 옷

4.   미와 정치

219   여성은 여전히 미의 대상

222   백설 공주의 피부

234   춤추는 여자의 미

243   식민주의와 여성의 미

252   민족주의와 여성의 미

261   미인대회와 소비주의

270   인도와 중국의 미인 / epilogue

284   참고자료

미는
신과
같아

그것이
당신의 아름다움인지
신의 광채인지
알 수 없어요

●

I

미는
신이 준
선물

인도에서 아름다움은 신과 같다. 고대부터 전해지는 힌두성서 〈바가바드기타Bhagavadgita〉에는 이승의 아름다운 존재를 "크리슈나Krishna 신이 주는 풍요로움의 한 조각"이라고 불렀다. 미美와 신神이 같은 급이라는 걸 알 수 있다. 기원전 6세기경에 나온 힌두경전 〈우파니샤드Upanishad〉에서도 신은 절대 진리, 절대 순수, 절대 미로 나온다. 힌두 전통에서 절대자의 속성이 진(사티얌), 선(시밤), 미(순다람)라는 걸 알 수 있다.

　우리나라 미인대회는 우승자를 진, 선, 미로 구분하여 시상한다. 진이 가장 아름다운 여성이고, 그 다음이 선과 미다. 허나 이건 편의상 구분이고, 본질적으로 이 셋의 차이는 없다. 인도에서도 그렇고 서양에서도 그렇다. 힌두교에서 사티얌satyam은 진리요, 시밤shivam은 힌두교의 대표적 신 시바, 순다람sundaram은 아름다움인데, 이 셋이 동격이기 때문이다. 수많은 신을 가진 힌두교에서 시바가 가장 아름다운 신으로 불리는 까닭도 여기에서 비롯한다.

미인처럼 아름다운 존재는 보는 자에게 기쁨을 준다. 꽃에 비유해보자. 해마다 봄이면 많은 사람들이 벚꽃이나 복사꽃을 보려고 나들이에 나선다. 상춘객은 화사한 꽃송이를 바라보며 어떤 느낌을 가질까? 아름다운 꽃을 보며 쓸쓸함을 느끼는 사람은 없다. 꽃구경을 나온 사람들은 흐드러지게 핀 꽃을 바라보면서 가슴에 퍼지는 따뜻한 감정을 느낄 것이다. 초가을 오후에 풀밭에 누워 한없이 투명한 하늘을 올려다볼 때도 마찬가지다. 누구나 형언할 수 없는 감정, 뭉클함이 가슴에 솟아나는 걸 경험한다.

인도에서는 이렇게 가슴을 움직이는 것 즉 감동을 주는 주체를 아름다움이라고 부른다. 아름다운 꽃을 보고 느끼는 기쁨처럼 마음속에 정서를 일으키고 행복감을 선사하는 존재 즉 봄꽃이나 푸른 하늘이 아름답다. 산스크리트 문학에서 아름다움은 '순다람'이라고 부르는데, 이는 '가슴을 녹인다'는 뜻을 가졌다. 추하거나 무서운 것을 보고 가슴을 녹이는 감동을 받거나 행복하다는 사람은 없다. 그러나 아름다움은 사람에게 미묘한 감동을 불러일으킨다.

인도인은 아름다운 것을 보는 기쁨을 '사치다난다satchidananda (=sat+chit+ananda)'라고 표현한다. 사트(존재sat), 치트(의식chit), 아난다(기쁨ananda)는 진과 선과 미를 인식하고 경험하는 것이 절대자인 신과 하나가 되는 기쁨과 같다는 뜻이다. 미를 바르게 인정하면 깨달음에 이를 수 있고, 기쁨과 행복을 넘어 해탈에 이를 수 있다는 것이 그들의 믿음이다. 미를 깨달음에 연계한 것이다. 인도답다. 20세기 초반에 노벨문학상을 받고 인도의 위상을 한껏 높인 라빈드라나트 타고르Rabindranath Tagore가 "미를 경험하는 것이 신과 만나는 것"이라고 적은 건 이런 이유다.

아름다움은 신과 같고, 그래서 신은 아름답다. 우리는 아름다운 신이 가진 특질을 발견할 때 아름답다고 느낀다. 인간이 선망하는 정결, 친절함, 균형을 볼 때도 아름답다고 여긴다. 깨끗하고 잘 정돈된 집은 아름답지만, 집주인이 정신이 사납거나 주변 환경이 더럽고 집안이 어지러우면 아름답다고 하지 않는다. 인도 방식으로 말하면, 아름다운 집이나 꽃을 보고 기쁨을 느낄 때 우리는 기쁨을 넘어 신과 만나는 경지에 이른다.

인도인이 미를 어떻게 인식하고 경험했는지를 이해하려면 대다수 인구가 믿는 힌두교의 이상형을 알 필요가 있다. 고대부터 오늘까지 많은 인도인이 따르는 종교가 힌두교이기 때문이다. 힌두교가 인도인이 생각하는 미의 이상형에 영향을 주었다. 앞에서 말한 사치다난다는 힌두교의 이상형으로 진정한 깨달음, 해탈, 영생, 완전한 행복을 이른다. 아름다움을 인식하고 경험하는 것이 기쁨을 넘어 신의 본질을 깨닫고 신과 합일하는 최고의 기쁨에 도

달할 수 있다는 것이다.

힌두는 삶을 일회적이거나 이승의 신체에만 한정하지 않는다. 영원과 윤회를 믿는 그들은 생로병사의 삶이 아닌 완전한 삶을 지향하고, 그 궁극적인 지점은 진리를 깨닫고 신과 만나는 해탈이다. 깨달은 자에겐 죽음도 질병도 슬픔도 없다. 깨달은 자는 모든 것을 보고 모든 곳에서 모든 것을 얻는다. 그래서 그들은 인간의 눈에 보이지 않는 세계, 신과 영혼의 세계, 완전한 행복과 영원함을 인정하고 그곳에 도달하려고 노력하는 세계관을 갖고 있다. 수많은 신을 믿고 신에게 가는 다양한 방식을 인정하는 힌두교에서는 아름다움을 추구하고 경험하는 것이 해탈에 이르는 한 과정이자 수단이다. 미가 단순히 눈에 보이지 않는 저 너머의 세상과 연결된 것이다.

인도 문명은 이 세상에 영원한 것이 없다고 본다. 인생무상人生無常, 제행무상諸行無常, 즉 세상에 존재하는 모든 것이 변하고 사라진다. 그래서 영원, 이승 저편의 고상한 세상을 추구하는 문명을 이어왔다. 그 논리를 따르면, 아름다움은 영원하지 않다. 지금의 찬란한 젊음과 보는 자에게 기쁨을 주는 눈부신 아름다움도 언젠가는 끝난다. 아니 곧 끝난다.

아름다움은 그 안에 죽음의 씨앗을 품고 있는 셈이다. 불로장생을 추구한 천하제일의 진시황제도 결국은 100년을 살지 못하고 죽었듯이 인간이 가진 아름다움은 삶처럼 유한하다. 그래서 아름다움을 통해 무한세계를 열망하는 것이다. 인도에서는 쾌락을 얻기 위해 미를 추구하는 것이 아니라 신에게 가까이 가려는 더 고상한 목표를 가지고 아름다움을 쫓고 경험한다. 이론적으론 그렇다.

아름다움은 고대부터 종교와 연결되었다. 인도인이 아름다움을 추구하는 데는 보이는 것이 다가 아니라는 입장이다. 미는 기쁨을 얻기 위해서만이 아니라 진과 선을 깨닫는 과정이요 수단으로 여긴다. 미를 경험하는 것은 유한한 삶을 사는 인간이 절대자의 세계에 다가가는 종교적인 상태와 비슷하다. 아름다움은 보는 자와 보이는 자의 혼연일체로 지상의 인간이 천상의 신과 합일하는 순간과 같다.

아름다움은 인간이 신과 합일할 때처럼 보는 자와 보이는 존재가 하나가 될 때 기쁨이 된다. 기쁨을 주는 대상이 아름답다. 역겨움이나 불쾌감을 주는 대상을 아름답다고 여기는 사람은 없다. 보는 자가 보이는 대상을 향해 어떤 정서가 흘러갈 때 기쁨이 생기고 깨달음에 이를 수 있다. 이를 산스크리트어로 '라사Rasa'라고 부른다. 그래서 한 힌두경전에는 아름다움을 보고 느끼는 기쁨 즉 심장을 움직이는 외적 아름다움과 내적 아름다움의 만남을 '완전한 행복(라사 바이 사Rasa Bai Sah)', 다시 말해서 해탈로 표현했다.

아름다움의 가치는 보는 사람에게 감동을 자아내는 것이다. 보고 감동을 받게 만드는 것이 라사다. 인도의 고전문학에서는 무용이나 연극을 보는 관객이 아름다운 무용수나 배우의 연기를 보고 무대와 그 주인공에게 갖는 감정이입과 비슷한 감정을 라사라고 불렀다. 라사는 오늘날 뮤지컬을 관람하는 젊은이가 무대 위의 배우와 갖는 일체감, 자신을 배우와 노래에 완전히 동화시키는 것이다.

기원전 1500년부터 구전된 〈리그베다Rigveda〉에는 라사를 에센스, 맛, 감동을 주는 그 무엇으로 표현했다. 그보다 약 1000년 늦게 나온 한 〈우파니샤드〉에는 라사를 마음을 움직이는 어떤 것으로 언급했다. 어떤 대상을 보고 가슴을 녹이는 느낌 즉 순다람(아름다움)과 비슷한 정서가 라사다.

인도 고전문학에서 아름다움은 라사와 동일시된다. 미는 보이는 대상과 공감하고, 그 본질을 알려고 하며 그 대상과 혼연일체가 되어 환희를 깨달을 수 있도록 의식을 재창조하는 모든 존재의 정수를 지칭한다. 우리나라의 옛사람이 아름다운 경치를 보고 시를 읊조리는 감흥도 이와 비슷하다. 인도인은 창조적인 자연을 모방해 신의 본질을 깨닫는 라사를 정서의 최고봉으로 여겼다.

라사는 인간세계와 천상에 있는 신의 아름다움을 노래한 고대문학의 주요 명제였다. 아름다움을 보고 느낀 그 기쁨은 절대자와 합일하는 황홀함과 같은 신성한 경지다. 어떤 〈우파니샤드〉에는 사랑하는 사람을 껴안을 때 느끼는 감정을 신과 만나는 해탈에 비교했다. 그 감정이 아름다움이라는 것이다. 일부 학자는 모든 대상과 인간이 특정한 주파수를 가진 에너지를 방출하는데, 보는 사람과 보이는 대상의 주파수가 맞을 때 아름답다고 느낀다고 말한다.

미는 궁극적인 진리와 절대 선의 표명이다. 미는 추상적인 진과 선과 달리 구체적인 형태를 띤다. 구체적인 미로 표현된 것이 신상神像이다. 다이아몬드는 영원해도 아름다움은 영원하지 않다. 아름다움은 시간의 흐름과 함께 사라진다. 그것이 자연의 이치다. 인도인은 일찍이 그것을 깨달았고, 그래서 아름다운 신상을 만들었다. 인도에서 만나는 수많은 신상들은 변하지 않는 아름다움을 나타낸다.

〈우파니샤드〉는 진정한 미는 없어지지 않으며, 진정으로 신을 숭배하는 사람은 신이 될 수 있다고 가르쳤다. 궁극적인 진리이자 최고의 선인 미는 모든 형태에 존재하지만, 인도인은 그것을 인간의 형태로 표현했다. 신상은 신도들의 내적 특성을 깨닫게 해주는 절대자를 인간화한 것이다. 그래서 신상은 가장 아름다운 신의 현신이다. 취향과 인식이 다른 여러 사람들이 신을 떠올릴 수 있고, 보는 자의 마음을 사로잡으며 잘 이해할 수 있는 이상형이 신상이

된 것이다.

  힌두들은 신과 신상을 아름답게 여기고 꾸미는 것을 미적 추구의 하나로 여겼다. 신을 숭배하면서 라사를 느끼고 아름다운 신상을 보고 만지고, 숭배하는 것을 통해 신과 절대자를 만나고 깨달음에 이르는 것이다. 힌두교에서 신상을 꾸미는 방식(시링가르 Shringar)은 아침과 저녁이 달랐고, 계절에 따라서도 달랐다. 남부 지방의 힌두 사원은 지금도 아름다운 옷과 각종 장신구로 신상을 꾸미고 여름에는 모기장을 쳐서 곤충의 공격으로부터 신이 받는 번거로움을 막는다.

  힌두교뿐 아니라 인도의 모든 종교가 아름다움을 존중하고 신상을 아름답게 장식했다. 영적 깨달음을 얻는 수단으로서 미를 인정하기 때문이다. 그래서 불교와 자이나교처럼 금욕적이고 탈속적인 성향이 강한 종교도 미를 인정하고 추구하며 경전에서 아름다움을 자주 언급했다. 부처의 내적 아름다움을 드러내는 불상과 자이나교를 세운 마하비라Mahavira(기원전 599~527)의 상像은 아름다움이 눈에 보이는 것을 초월하는 영적인 것임을 알려준다. 즉 아름다움은 신과 같다.

아름답게 꾸며진 신상, 타밀나두

여성이
아름답다

자, 이제 신의 경지에서 인간의 수준으로 내려가 보자. 미는 자연 속에 있다. 장식이 필요 없는 완전한 아름다움이 바로 자연이다. 가을 하늘이나 흰 구름은 꾸미지 않아도 아름답다. 해가 뜨고 해가 지는 것도 아름답고, 보름달이 떠오를 때나 단풍이 곱게 들 때도 감동적이다. 봄에 느끼는 신록의 아름다움이나 산중의 기암괴석도 인공미에 비길 수 없다. 자연은 다 아름답다.

자연에 이어 가장 아름다운 존재는 여성이다. 아이를 낳고 키우는 여성은 자연에 비유되는 경우가 많다. 여성의 아름다움이 보는 자의 감탄을 자아내고 기쁨을 주는 점에서도 자연의 미와 비슷하다. 여성은 아름다움이라는 견지에서 남성보다 좋은 점수를 받는다. 역사에서 오랫동안 약자와 주변부로 지낸 여성이 남성에 비해 상대적 우위를 차지한 유일한 부문이 아름다움이다.

아름답다는 말은 여성에게 최고의 칭찬이다. 이 말을 듣고 기분 나빠하는 사람은 없다. 심지어 외모로 승부하지 않는 나이든 남자도 아름답다는 말을 들으면 좋아한다. 아름다운 것은 좋은 것이고, 좋은 것은 아름다운 것이기 때문이다. 인도인은 아름다운 여성을 보는 것을 과일즙과 같은 감정의 정수 즉 라사를 즐기는 것과 같다고 여겼다. 아름다움을 보고 기쁨을 느끼고 아름다운 신상을 숭배하며 영적 기쁨을 얻듯이 아름다운 여성을 보고 라사를 느낀다.

동화의 주인공인 공주는 언제나 아름답게 묘사된다. 그래서 많은 남자가 공주와 결혼하고 싶어 한다. 인도 민화에 자주 등장하는 순다리sundari는 예쁜이라는 이름처럼 얼굴도 아름답다. '정원에서 자라는 한 떨기 수선화처럼 어여쁜' 순다리의 집에도 중매쟁이의 발길이 끊이지 않는다. 그러나 남자의 아름다움에 반해 결혼하려는 여성은 옛날이야기에 나오지 않는다. 남성은 아름다움으로 승부하지 않기 때문이다. 콩쥐와 신데렐라처럼 동화에 나오는 여성은 다 예쁘다. 팥쥐와 신데렐라의 언니도 여성이지만, 그들은 아름다운 주인공을 돋보이는 수단이다.

예쁜 여성은 여러 면에서 유리하다. 그래서 누구나 미를 소망한다. 아름다운 여성을 보는 남성의 관음증적 시선은 역사만큼 오래다. 기록을 보면, 죽음을 앞둔 여성도 외모로 차별당했다. 근대 인도를 방문한 외국 남성은 죽은 남편과 함께 산 채 화장되는 사티

sati를 지켜보다가 아름다운 여성이 죽을 때는 안타까워했으나 어여쁘지 않은 여성의 죽음 앞에서는 무심하거나 냉담했다. 인도 여성학자 라타 마니Lata Mani가 주장했듯이 연민을 불러일으키는 것은 인간이 아니라 여성의 아름다움이다. 인간에 대한 예의도 아름다움에 따라 달라진다.

그녀는 스물넷에서 다섯 살 정도로 아름다움이 절정에 이르렀다. 몸이 작았으나 우아한 모습이었다. 그녀는 손과 발이 아주 예뻤다.

스물한 살의 그녀는 내 판단으로는 아름다웠고, 내가 본 인도 여자 중에서 가장 아름다웠다고 할 수 있다. 얼굴이 예뻤고 몸매는 완벽했다. 그래서 그녀의 희생을 목도하는 사람들의 마음속엔 사티를 막지 못하는 점이 불편하게 느껴졌다.

여성의 몸을 아름답게 여긴 전통은 고대 힌두신화에서 시작되었다. 세상을 창조한 힌두교 신 브라마Bhrama가 남자를 만든 뒤에 여자를 만들려고 하는데 그만 재료가 다 떨어졌다. 그는 재료를 구하러 밖으로 나갔다가 아름다운 곡선을 가진 덩굴식물을 보게 되었다. 덩굴식물을 본 브라마는 여성에게 살아 있는 자연의 모습을 더해 둥글고 곡선미가 도드라지는 아름다운 몸매를 만들었다.

그리하여 여성이 아름다운 몸매를 갖게 되었다.

창조의 신 브라마가 만든 태초의 여인을 보자. 여인의 가슴은 보름달처럼 둥글고, 눈은 사슴의 눈빛이며, 피부는 봄의 새싹처럼 보드랍고, 팔은 코끼리의 코처럼 팔목으로 갈수록 점점 가늘어졌다. 덩굴손의 연한 매달림, 풀의 흔들림, 갈대의 가녀림에 벌꿀의 달콤함을 넣어 몸을 완성한 뒤에 꽃의 향기에 목욕을 시켰다. 마무리로 입술에 맛 좋고 향기로운 즙을 발랐다. 이렇게 탄생한 여성이 어찌 아름답지 않겠는가. 그래서 여성이 남성보다 아름답다!

신화가 아닌 역사에서도 아름다움은 여성과 관련이 깊다. 인도에서 가장 오래된 예술품은 여성이 주인공이다. 인더스 문명의 유적에서는 돌, 진흙, 나무, 금속으로 만든 많은 여인상이 나왔다. 대개 엉덩이와 가슴이 도드라지고 생식기가 강조된 누드인데, 다산多産의 여신으로 추정된다. 신성한 에너지의 첫 표명이 어머니 즉 모신이었다는 건 의미심장하다. 모신은 전지전능해서 사랑과 지혜, 지식과 힘을 다 가진 상징적인 존재로 아름다움까지 소유했다.

인도의 고대 산스크리트 문학에서도 아름다움에 대한 묘사는 여성의 미와 비교하는 것이 일반적이었다. 힌두교에서 여성의 미는 신성함, 신과 연계되었다. 이슬람을 믿는 중세의 한 인도 시인도 여성의 신체적 아름다움을 말하면서 "그것이 당신의 아름다움인지 신의 광채인지 알 수 없어요"라고 여성의 아름다움을 신과 동일시했다. 이것이 전통이었다.

인도에서 난 모든 종교가 여성을 아름답게 여겼다. 여성의 미를 종교와 깊이 연결하고 신성하게 여긴 점은 세속적으로 여성의 미를 표현한 다른 세계와 인도가 갖는 큰 차이점이다. 인도의 모든 종교는 아름다움을 존중하고 여성의 움직임과 행동을 통해 미를 표현하는 공통점을 가졌다. 힌두 사원은 물론 금욕적인 불교와 자이나교 사원에서도 아름다운 여인의 조각상을 볼 수 있다.

인도에서 탄생한 모든 종교가 여성이 주제인 조각과 여인상을 만들었다. 불교와 힌두교의 탑과 사원의 대문이나 외벽에는 여인의 부조나 여인상이 여성의 성스러움과 아름다움을 뽐낸다. 모든 사원은 여신이나 여인의 모습을 새기는 걸 필수로 여겼는데, 여인의 모습을 새겨야 신성하고 상서로운 장소가 되어 행운이 찾아온다고 믿었다. 반대로 여성의 아름다움을 기리지 않는 사원은 열등하고 불운이 따른다고 여겨졌다. 여성의 미에 대한 관점이 종교의 벽을 넘어 보편적이었던 것이다.

아내가 없는 집처럼, 여인의 모습이 없는 건물은 질이 떨어지고 결실이 없다.

10세기 동부지방에서 나온 사원건축의 지침서(《실파 프라카샤Shilpa Prakasha》)에는 사원의 벽에 아름다운 여성의 모습을 새기는 것이 필수라고 적고, 어떤 여성의 모습을 새길 것인지도 언급했다. 여기엔 열여섯 가지 아름다운 여인의 모습이 언급되었다. 서른둘이나 되는 다양한 여인의 모습을 적은 다른 기록도 있다. 중세에 나온 다른 건축학 저서(《바스투 샤스트라Vastu Shastra》)에도 힌두 사원의 벽에 여인의 모습을 새기라고 조언했다. 다양성을 견지한 힌두 사원에서 여성의 미를 중요하게 여겼음이 드러난다.

아름다움이 해탈의 수단인 인도에는 여성의 아름다움을 다룬 작품이 아주 많다. 문학과 미술에서 가장 많이 다뤄진 여자 주인공은 아마도 신과 같은 라마의 아내 시타Sita와 크리슈나 신의 연인 라다Rada일 것이다. 인도 전역에서 두 미인을 다채로운 방식으로 숭배했다. 시타와 라다는 여신이 아니라 인간이었지만, 이러한 찬양과 숭배를 통해 여신으로 추앙되었다.

라다는 완벽한 미인이다. 그 이유는 크리슈나 신이 절대적 영혼이자 절대적 미의 전형이기에 그의 연인인 라다도 절대적인 미인으로 여기기 때문이다. 라다와 크리슈나의 사랑은 몸이 영적인 것을 만나는 기쁨, 신과 합일하는 기쁨의 은유다. 젊고 똑똑하며 우아하고 사랑스러운 라다는 애인과 같은 여성으로, 남편에게 헌신하는 라마의 아내 시타와 달리 사랑에 빠진 관능적인 여인이다.

중세에 유행한 바크티Bhakti 운동은 신을 소유하고 신이 소유하는 라다와 크리슈나의 에로틱한 사랑이 중심이었다. "오직 헌신을 통해 내 진정한 모습을 보게 될 것"이라고 말한 크리슈나는 헌신적인 추종자를 많이 가졌고, 인도에서 가장 인기가 많은 신이 되었다. 추종자는 수백 개의 노래와 이야기, 그림으로 라다와 크리슈나의 사랑을 전하고 찬미했다. 라다는 에로틱하고 성적으로 능동적이지만, 라지푸트Rajputs 왕국의 세밀화에서 보는 것처럼 고귀한 아름다움, 정절과 순수를 대변한다.

크리슈나와 라다는 12세기 벵골지방의 시인 자야데바Jayadeva가 지은 〈기타고빈다Gitagovinda〉를 통해 한층 유명해졌다. 아름다운 여자 목동 라다와 크리슈나 신의 관능적이면서 성스러운 사랑을 통해 신에게 헌신하고 신에게 굴복하면서 깨닫는 극치를 추구했다. 이성이나 지식이 아니라 영적 깨달음을 통해 신에게 간다는 의미였다. 크리슈나와 유부녀인 라다의 조건 없는 사랑처럼 바크티는 세상을 부정하는 해방감을 선사한다. 그리하여 숭배자는 사회적인 제약을 뛰어넘는 순간을 경험할 수 있다. 그들은 크리슈나를 신으로 받들면서 '라사', 미적 경지를 경험했다.

라다가 가진 관능미는 여성을 대표하는 강한 생식력과 연계되었다. 그래서 조각이나 그림에는 출산하는 여성이 아름답게 나타나고, 문화적 이상형이 되었다. 인도의 미적 전통에서 여성은 다산하는 어머니로 표현된다. 어려서는 딸이고 자라서는 한 여인의 아내이자 어머니가 되는 여성이 생명력이 뛰어나며 실용적인 존재이기 때문이다. 가족을 탄생시키고 아이를 낳고 기르는 여성이 창조의 비밀을 가진 대지라고 생각해 고대부터 대지의 여신이나 출산의 여신으로 등장해 이상형이 되었다.

기원전 5세기부터 불교와 자이나교 사원을 장식한 관능적인 여성은 중세에 숭배된 라다처럼 모성과 성적 매력을 두루 갖추었다. 그들은 하늘나라의 요정인 약시Yaksi와 압사라Apsara로, 젊고 아름답고 성적으로 매혹적이다. 굴곡 있는 매력적인 그들의 몸매는 다산과 풍요의 상징이다. 아잔타 석굴의 벽화에서도 풍만한 몸매를 가진 아름다운 여성이 보인다. 불교도 힌두 문화처럼 아이를 가질 수 있는 여성을 이상형이자 아름답다고 여긴 걸 알 수 있다.

폐허가 된 사원에서 발굴, 복원되었거나 박물관에서 만날 수 있는 매력적인 여성은 약시와 압사라, 힌두 여신 데비Devi다. 아름다운 몸을 가진 약시와 압사라 들은 불교 유적지 바르후트와 산치에서 발견된다. 기원전 3세기~1세기에 이르는 불교의 조각상에서 우아함을 자랑하는 약시는 나무와 물과 관련된 자연신이다. 아름다운 여성의 발이 닿으면 나무가 꽃을 피운다는 믿음이 들어 있다. 부처의 사리탑에 새겨진 매력적인 여인도 여성의 출산력과 풍요와 관련이 있다. 불교가 널리 퍼진 시대에 여성의 몸이 아름답

아잔타 석굴의 벽화. 왕실 부부로 보인다. 6세기 굽타 시대

다는 걸 보여준 최고의 조각상은 나무의 여신 약시가 나뭇가지를 잡은 모습이다.

이상적인 여성의 몸을 조각으로 표현한 것이 약시로, 가슴이 풍만하고 허리는 가늘며 엉덩이가 크고 팔과 다리는 점점 가늘어지는 역삼각형이다. 이 역시 다산하기 좋은 몸매로 여겼다. 다산의 여신 약시는 나무의 여신으로 대개 나뭇가지나 열매나 꽃을 만지는 모습으로 조각되었다. 다리로 나무를 감싸 안고, 머리와 몸을 장신구로 가득 치장했다. 누드의 자태로 웃고 있는 약시를 불교 사원의 입구나 힌두 사원에서 볼 수 있었다.

신상을 아름답게 여기고 종교적 존재로서 존중하는 문화를 가진 인도에서 신성한 여성을 문화적 이상형으로 숭배한 것은 기이한 일이 아니다. 사원의 조각상에서 드러나는 여성의 다양한 모습과 수많은 얼굴은 사회에서 여성이 갖는 다양한 역할을 상징한다. 화장을 하거나 머리를 빗고, 편지를 쓰고 발바닥에 박힌 가시를 뽑아내거나 아이와 함께하는 모습은 눈에 보이는 외모의 아름다움을 넘어 내적 미와 정서를 드러낸다는 평을 받는다.

봄날의 벚꽃과 초가을에 더욱 높아진 푸른 하늘을 바라보는 우리에게 기쁨을 주는 것이 아름다움이다. 인도에서는 이런 아름다움을 보는 걸 초월적인 경험이라고 여긴다. 고대의 인도인은 자연의 아름다움을 인정하고 자연의 창조적 모방을 통해 깨달음을 얻

머리부터 발끝까지 장식한 테라코타 약시. 기원전 200년, 벵골 지방

힌두사원 벽면에 부조된 나뭇가지를 잡은 약시. 첸나이

고, 자연과 동일시되는 여성의 미를 보고 신에게 갈 수 있다고 믿었다. 사원을 찾은 사람들이 아름다운 여인상을 보고 가진 느낌과 정서가 앞에 말한 '라사'다. 라사를 불러일으키는 여성, 그들이야말로 아름다운 존재다.

꾸며야
아름답다

인간이 아름다움을 추구하는 모습은 아름답고 경이롭다. 세상의 모든 사람이 이런 저런 방식으로 자신을 꾸미고 주변을 꾸민다. 꾸민 것이 보기에도 좋지만 자신에게도 만족감을 주기 때문이다. 머리가 헝클어지고 옷이 구겨진 채로 공식행사에 가는 사람은 없다. 유치원에 다니는 여자아이도 아름다움에 대한 자기만의 견해가 있다. 머리에 핀을 꼽거나 분홍색 옷을 입겠다고 엄마에게 떼쓴다. 이처럼 아름답게 꾸미는 데에는 개인의 미적 관점이 배어 있다.

인도 문화에서는 태초부터 꾸며야 아름답다고 여겼다. 아름답게 꾸미는 행동은 신의 축복과 번영을 보장받는 한 가지 수단이었다. 그래서 신의 신전과 신상은 물론 여성의 몸을 장식했다. 신상을 꾸미는 장신구와 여성의 몸을 꾸미는 장신구는 같은 방식과 같은 디자인이었다. 문학작품에도 화려한 수사가 사용되고 은유와 비유를 한껏 집어넣었다. 19세기에 인도 역사를 저술한 영국의 공리주의자 제임스 밀James Mill이 인도 문학은 과장이 많아서 비현실적이라고 말했을 정도다. 인도인은 일상에서도 집과 마당을 꾸미고 주변의 믿는 대상을 장식한다. 축제나 의식에는 암소나 낙타와 같은 가축도 알록달록 아름답게 꾸미고 행사장에 등장한다.

영예로운 어머니, 이마에 달 장신구를 가져올게요.
이마에 달 장신구에 보석을 박을게요.

이는 동부 벵골지방의 여인들이 천연두 여신인 시탈라Sitala에게 바치는 노래다. 인도인은 아름답게 꾸미는 행동을 신에게 가까이 가는 것, 해탈의 한 과정으로 여겼다. 즉 몸을 아름답게 장식하는 것이 영적인 의미를 가진다고 보았다. 그래서 숭배하는 신과 여신의 그림과 신상을 아름답게 꾸미고 여러 가지 장신구를 달아 장식하는 전통이 이어졌다. 지금도 복닥거리는 인도의 시장이나 온라인마켓에서는 신상을 꾸미는 상품이 많이 판매된다.

태초부터 인도인은 이렇게 꾸미는 걸 좋아했다. 그런 그들을 보고 놀란 외국인의 기록이 많다. 인도 여성을 아름답지 않다고 적은 기록은 있으나 여성이 걸친 많은 장신구를 보고 경이로워 하지 않은 사람은 없다. 고대 마우리아 왕조에 대한 소중한 기록을 그리스 문헌에 남긴 그리스인 메가스테네스Megasthenes(기원전 302~298)는 인도인이 아름다움을 중시하고, 아름답게 보이려고 온 갖 것을 이용한다고 적었다. 정교하게 만든 장신구를 좋아하며, 장신구에 보석을 달아서 아름답게 꾸민다고도 기록했다.

역사적으로 인도와 왕래가 없던 히말라야 산맥 저편의 중국인도 인도인을 장신구를 애용하는 사람들로 여겼다. 당나라 때 구법을 위해 인도를 방문하고 《대당서역기大唐西域記》를 남긴 승려 현장玄奘(602~664)은 인도의 왕과 신하들이 보석으로 만든 장신구를 사용한다고 적었다. 남녀 모두 머리장식과 팔찌, 반지와 목걸이로 몸을 꾸몄고, 부유한 상인들도 팔찌를 착용한다고 진기해했다.

이보다 늦게 동남아를 거쳐 인도의 남부지방을 여러 번 방문한 중국 명나라의 정화鄭和(1371~1433?)의 선단에는 이슬람을 믿는 중국인도 있었다. 장신구로 무장한 인도인에 대해 기록을 남긴 그는 '서해 바다의 거대한 나라' 캘리컷의 왕이 옷보다 걸친 보석과 장신구가 더 많은 것을 보고 놀랐다. 녹색 비단에 수를 놓은 의자에 기대어 앉은 왕의 왼쪽 팔에는 큰 다이아몬드와 팔찌가 있고, 목에는 진주 목걸이와 여러 보석이 늘어져 있다고도 기록했다. 여성의 장신구와 패물은 그보다 훨씬 많았을 것이다.

갠지스 강가에서 많은 젊은 여성들이 큰 귀걸이를 걸고 굵은 팔찌를 하고 계단을 내려왔다. 손에 항아리를 들거나 물동이를 든 모습, 연약한 여성의 태도는 우아하고 그림과 같다. 한 자락의 긴 헝겊으로 된 환한 옷은 머리에서 흘러내려 허리를 감싸고 발목까지 내려온다.

1700년대 말 인도에 머문 한 영국인은 몸을 꾸미는 인도의 전통을 보고 이렇게 놀랐다. 이보다 늦은 19세기 초에 인도를 두루 여행하며 많은 기록을 남긴 영국 여성 파니 파크스Fanny Parkes는 왕실 여인이 머리를 치장하는 데 쓴 보석이 박힌 장신구, 이마를 장식한 진주와 에메랄드가 상감된 금 장신구 들을 묘사했다. 그에게는 인도 여성의 화려하고 다채로운 장신구가 영국이나 다른 나라에서 볼 수 없는 이국적이고 진기한 미적 경험이었다.

꾸미는 것을 신에게 가는 길이라고 여긴 인도에서는 여성이 장신구를 좋아하고 꾸미는 것을 마치 본성처럼 여겼다. 고대의 마누Manu는 여성이 좋아하는 건 침대, 앉은 자리, 장신구, 부정한 욕망, 분노, 부정직함이라고 폄하했다. 〈마누법전〉을 쓴 그는 여성이 홀로 설 수 있다는 사실을 인정하지 않았다. 여성은 어려서는 아버지에게, 자라서는 남편에게 그리고 나이가 들어서는 아들에게 의존하여 살아가는 존재라는 것이다. 그런 그가 여성의 악 중에 장신구 사랑을 꼽았다. 본성까지는 아니더라도 인도 여성이 꾸미

는 걸 좋아한 건 분명하다.

전통은 사라지지 않아서 전통이라고 불린다. 꾸미는 걸 좋아한 인도인에게 꾸밈이란 마음을 아름답게 꾸미는 것과 다르지 않다. 몸을 가꾸는 과정을 마음과 영혼을 꾸미는 과정으로 여긴 것이다. 그래서 그들은 얼굴에 화장하고 몸을 여러 가지 장신구로 단장하는 걸 일종의 종교의식으로 여겼다. 여기에도 인도의 철학적 측면이 숨어 있다. 아름답게 꾸민 몸과 아름다운 영혼이 짝을 이뤄야 진정한 미라고 여긴 것이다. 보이지 않는 것-영적 세계를 꾸미고 싶어 하는 인도인이 보이는 것-몸과 주변을 꾸미는 건 당연했다.

무력으로 세계를 정복한 티무르Timur가 정복하지 못한 사람이 델리 지방에 있었다. 수도인 델리에 입성하여 거리를 행진하던 티무르 대제는 나무 밑에서 기도하는 한 거지를 보았다. 티무르가 다가가 원하는 것을 말하라고 하자 거지는 무심한 얼굴로 바라는 것이 없다고 대꾸했다. 어떻게 바라는 것이 없을 수가 있느냐는 티무르의 다그침에 거지는 대답했다.

"나는 이 아름다운 나무 아래에 살면서 강에서 물을 길어다 씁니다. 낮에는 햇빛이 있고, 밤에는 달빛이 있는 저 넓은 하늘을 갖고 있고요. 여기에 무엇이 더 필요한가요?"

"너는 돈이 없잖은가!"

"돈은 필요하지 않습니다."

"내 왕궁으로 오거라."

"거기에 갈 이유가 없네요. 제가 관심을 두는 건 내적 아름다움이거
든요."

"나는 황제다! 나는 뭐든지 네가 원하는 걸 줄 수 있다!"

"제 영적 능력과 신에 대한 사랑을 늘릴 수 있을까요? 제가 필요한
건 오직 영적 능력인데요."

"다른 뭔가를 말하라. 네 영적 능력을 늘릴 수 있는 건 내게 없으니
다른 소원을 말하라. 다 들어주마."

"그렇다면 한 가지만 부탁할게요. 제가 여기서 명상하노라면 파리
가 날아와 귀찮게 굽니다. 파리가 저를 괴롭히지 않도록 해주시겠
어요?"

티무르는 거지의 주변을 맴도는 파리를 여러 번 손으로 쫓았으나 파
리는 금세 다시 날아와 거지 곁을 빙빙 돌았다. 여러 번 같은 동작을
반복한 티무르는 짜증을 내며 소리를 질렀다.

"이건 불가능하다! 어떻게 파리를 쫓겠는가?"

"황제이면서 파리에게서 저를 구해주지 못하시는군요. 그러면서도
황제는 부와 권력을 자랑하셨네요."

천하를 호령한 티무르는 한낱 거지의 말에 머쓱해서 말을 타고 왕궁
으로 향했다.

이런 이야기가 알려주듯 인도에는 영적인 것에 가치를 두는 사람들이 많다. 21세기인 지금도 도처에서 이런 부류의 사람들을 만날 수 있다. 몸을 단장하고 아름다움을 실생활에서 실천하는 것에 영적 의미를 두는 사람도 당연히 많다. 인도에서는 추상적인 아름다움과 일상의 아름다움이 혼재한다는 표현이 옳을지도 모른다.

인도인은 꾸며야 아름다우며 아름다운 것은 더 꾸며야 한다고 생각했고, 지금도 그렇게 믿는다. 세상에서 가장 아름다운 건 자연이지만, 그 자연적인 미에 세속적인 장식을 더하면 매력이 더해진다고 여긴다. 인간의 몸을 아름답게 꾸미는 걸 일종의 종교 의식으로 생각한다. 꾸미고 장식하는 걸 상서롭게 인정하는 것은 보는 이가 즐겁기 때문이다.

인도인은 자연이 만든 가장 아름다운 존재, 여성의 몸을 보석과 장신구로 꾸며야 더 아름답다고 믿는다. 다시 말하면, 꾸미기에 가장 적합한 존재가 아름다운 여성의 몸이다. 자연에 내재한 이상적인 미를 대표하는 여성이 더 꾸미고 더 아름다워야 한다고 여긴 것이다. 여성의 몸을 아름답게 꾸미면 신의 축복을 받고 집안에 번영이 찾아온다고도 믿었다. 이처럼 인도 여성의 장신구와 장식은 눈에 보이는 걸 꾸며도 보이지 않는 것에 대한 영적 욕망을 담고 있다.

인도에는 미를 추구하는 문명이 이어졌다. 5000년 전에 시작된 고대 인더스 문명의 주인공들은 미를 추구한 다양한 흔적을 남겼다. 인도인이 지금도 악을 쫓는다고 믿는 금으로 만든 귀걸이와 목걸이는 물론, 구슬을 꿴 목걸이와 금속으로 만든 팔찌도 나왔다. 고대에 만들어진 각종 인형과 테라코타 들도 당대 미의식이 반영된 여성의 차림과 머리 모양, 장신구를 보여준다. 여성은 귀걸이와 목걸이는 물론 팔뚝이나 손목, 발목과 발가락에도 여러 장신구를 걸쳤다. 머리에는 꽃과 핀을 꽂고, 가르마에도 갖은 방식으로 꾸몄다. 이 장신구는 오늘날의 인도에서도 볼 수 있으니 몸을 꾸민 전통이 수천 년이 넘게 지속된 것이다.

인더스 시대에 이어 등장한 베다 시대에도 주체는 달라도 미를 추구하는 전통은 비슷했다. 3000년이 넘게 전해지는 힌두교의 경전 〈베다Veda〉에는 마흔여덟 가지의 보석과 장신구가 언급되었다. 베다에 나오는 여신도 아름다운 옷차림과 머리 모양을 가졌다. 베다 시대에 이어 등장한 힌두 사원과 불교 사원에서 발견된 여인상도 패물과 장신구로 한껏 치장한 모습이다. 조각상이나 각종 그림에 보이는 아름다운 여성도 몸은 누드라도 장신구는 걸쳤다. 심지어 성관계를 갖는 그림의 여인도 팔찌 등 장신구로 몸을 꾸몄다. 아름답게 꾸미는 것이 일상이자 전통이었던 것이다.

이러한 아름다움에는 표준이 존재했다. 고대 문학에는 여신의 옷차림과 장신구가 일정하게 언급되었다. 기원전 5세기 이후 구

에로틱한 조각상으로 유명한 카주라호 힌두 사원의 매혹적인 압사라(위),
비슈누 신과 락슈미 여신의 다정한 자세(아래)

전되다가 책으로 구성된 대서사시의 여주인공들도 옷차림이 정해져 있었다. 사원의 조각이나 그림에 보이는 여신과 여인의 장신구와 차림도 문학과 서사시에 언급된 방식으로 꾸며졌다. 일반 여성이 장신구로 치장하고 외모를 꾸미는 방식은 이러한 여신의 방식을 따라갔다. 아름다워지려는 여성이 미적 이상형을 모방한 것으로, 오늘날 젊은 여성이 연예인이나 슈퍼모델의 외모나 차림을 따라하는 것과 비슷했다.

인도 여성에게 장신구는 미의 완성이었다. 옷은 천 한 조각을 두를지라도 장신구는 과도하게 하는 것이 관습이었다. 장신구가 없는 여성은 아름답지 않다는 것이 인도인의 견해이자 미적 인식이었다. 꾸민 여성이라야 완벽한 미인이다. 특히 장신구는 여성의 아름다움과 신성함을 인정하고 축하하는 영적 의미를 담고 있다. 인도의 문학과 시각예술에서 드러나는 아름다운 여성은 거의 다 풍만한 몸을 아슬아슬한 옷차림과 화려한 장신구로 단장한 모습이다. 얼굴 화장을 하고 몸매를 꾸미는 걸 일종의 의식으로 여긴 여성은 장신구를 몸의 곡선미를 강조하는 효과가 있다고 생각했다.

오늘날 관광객이 많이 찾는 카주라호Khajuraho 지방 힌두 사원들의 외벽이나 다른 유적에서 나온 여인상에는 유독 장식과 장신구가 많다. 사원의 입구에 새겨진 불교의 약시상도 목걸이와 팔찌 등 장신구로 잔뜩 치장하고, 엉덩이에 옷을 살짝 걸친 육감적인 모습이다. 입지 않은 듯이 보이는 살짝 걸친 옷이 한층 더 매혹적이다. 의복도 장식의 일종이었다. 보석과 장신구로 꾸민 여성의 몸은 아름다움이 영원한 보석처럼 귀중하다는 의미가 담겼다.

장신구는 여성의 전유물이 아니었다. 지금도 장신구를 하는 인도 남성은 많다. 불행을 막고 부와 행복을 준다고 여기는 탄생석을 박은 반지나 귀걸이를 한 남자와 두꺼운 금 목걸이와 보석 반지를 낀 남자를 많이 볼 수 있다. 20세기 초까지는 모든 남성이 장신구를 지녔으나 영국 지배자가 여성적이라고 야유하자 점점 장식을 포기하게 되었다. 남성의 장신구는 브라만이나 크샤트리아 등 자신의 위상을 나타내거나 부족민들처럼 소속을 알려준다.

꾸미는 것이 아름답다고 여기면서 주변의 모든 것을 꾸미는 전통을 이어온 인도인은 지금도 축제나 명절이 되면 아내와 연인에게 귀걸이와 같은 장신구를 선물한다. 20세기 이후 남성의 장신구 착용은 많이 줄었으나 여성이 장신구를 신성하게 여기는 관습은 지금도 생생하게 살아 있다. 남부 지방에서는 금팔찌를 낀 손으로 과일을 봉지에 담는 노점여인을 자주 볼 수 있다. 아무리 가난해도 패물 한두 점은 기본으로 가진 것이 인도 여성이다.

아름다운
힌두
여신

요즘 우리나라 젊은이들은 아름다운 여성을 '여신과 같다'라고 말한다. 아마도 그들이 지칭하는 여신은 로마나 그리스의 아름다운 여신이겠지만, 이러한 표현에는 이 세상에 존재하지 않는 이상적인 미인, 절대자가 아니면 만들 수 없는 높은 수준의 아름다움에 대한 인간의 욕망이 묻어 있다. 여신이 가진 미는 일반인이 이해하거나 도달하기 어려운 수준이기 때문이다.

아름다움이 신과 같다고 여긴 인도에서 아름다움은 고대부터 여신으로 표현되었다. 반만년이 넘는 긴 역사와 광대한 지역에 따라 서로 다른 여신들이 인기를 끌고 숭배를 받았으나 그들이 가진 단 한 가지 공통점은 아름답다는 것이다. 여신들은 시적 은유와 종교적 상징을 통해 이상적인 여성이 되었고, 보통 여성은 그들의 미를 닮고 배웠다. 특히 다수가 믿는 힌두교의 여신들이 인도에서 미의 이상형이 되었다.

산스크리트 문학에는 여신의 신체적 아름다움을 묘사한 내용이 많다. 〈순다라야 라하리Sundarya Lahari〉는 미의 여파餘波라는 뜻으로, 8세기에 활약한 유명한 힌두 철학자 샹카라차리아Adi Shancaracharya가 지은 트리푸라순다리Tripurasundari 여신의 아름다움을 읊은 시다. 순다리는 예쁜이, 트리푸라는 세 도시이니 '세 도시의 미인'이라는 뜻이다. 〈순다라야 라하리〉에는 순다리 여신이 머리부터 발끝까지 아름답다고 나오는데, 1920년대에 그려져 널리 퍼진 대중을 위한 그림에는 금빛이 가득한 여신의 미를 자랑한다.

인도의 문화적 이상형은 힌두 여신이고, 힌두교의 모든 여신은 매력적이다. 문학과 조각에서 드러나는 힌두 여신의 공통적인 외모는 큰 눈과 높은 콧대를 가진 둥근 얼굴, 길게 늘인 검은 머리카락, 가느다란 허리, 큰 가슴과 풍성한 엉덩이, 몸에 딱 붙는 옷을 걸친 통통한 몸매다. 출산하고 양육하는 어머니처럼 창조자이자 보존자로 젊고 예쁜 모습인데 역사적으로 변화가 있고 지역에 따라서도 다소 달라졌지만 일반적인 여신의 이미지는 대체로 이와 비슷했다.

〈리그베다〉에 등장하는 첫 번째 여신은 마차를 타고 빛을 세상에 주는 새벽의 여신 우샤Usha다. 젊고 아름다운 이 여신은 동녘 하늘에서 밝은 옷을 입고 빛나는 보석을 한 신부처럼 나타난다고 적었다. 어둠을 물리치고 일상을 시작하도록 잠을 깨우는 우샤는 신들의 어머니로 불리면서 가장 많이 언급된다. 인도 남부에서 나온 목각처럼 주홍색 옷을 입고 황금색 베일을 쓴 우샤 여신, 빛나는 보석을 단 신부나 아침마다 더욱 아름다워 보이는 빛나는 한 여성을 비유할 때면 어김없이 나온다.

인도에서는 새벽의 여신, 여명의 여신 우샤를 따라 아름다움을 빛에 비유하게 되었다. 데비라고 불리는 여신의 어원인 디브div는 '빛난다'는 뜻이다. 태양의 빛, 새벽의 빛이 아름답게 빛나기 때문이다. 빛나는 우샤는 영원히 젊고 아름답다. 아름다움은 서양에서도 '빛'과 연결된다. 빛을 내는 것은 아름답고 좋으나 어둠은 불길하고 좋지 않은 것으로 여긴다. 인도에서도 우샤처럼 환하고 빛나는 것이 아름답고 좋은 것이 되었다.

락슈미Lakshmi는 오늘날 인도에서 가장 인기가 있고, 가장 아름다운 여신이다. 불교가 탄생하기 이전에 등장한 락슈미는 연꽃과 함께 나타난다. 그래서 락슈미는 우주를 지탱하고 윤회의 사슬에서 해방을 선사하는 여신으로 숭배된다. 신화를 보면, 손에 연꽃을 들고 바다의 거품에서 모습을 드러낸 아름다운 여신을 보고 모든 신이 그를 아내로 삼고 싶어 했다. 락슈미는 자신이 좋아하는 비슈누Vishnu를 택했고, 비슈누의 배우자가 되었다. 연꽃이 떠다니는 물에서 태어난 락슈미는 연꽃 위에 앉았거나 서 있는 금빛 여

델리 부근 마투라에서 나온 락슈미 여신상. 2세기 쿠샨 시대

신으로, 연꽃인 파드마Padma로도 불린다.

락슈미 여신이 부와 번영의 여신이 된 것은 다산과 번영을 상징하는 물항아리를 들었기 때문이다. 그림이나 조각에서 보이는 락슈미 여신은 가슴과 엉덩이가 크다. 다산과 양육의 능력을 과시하는 것이다. 가장 아름다운 여신으로 여겨지는 것도 그 때문이다. 부와 번영의 여신인 락슈미는 모든 가정, 모든 사람에게서 숭배를 받는데, 동전을 뿌려주는 모습으로 희망을 준다. '빛의 축제'인 인도 최대의 명절 디왈리Diwali에는 지금도 집집마다 밝은 집을 찾아 복을 주는 여신을 초대하려고 수많은 등불을 환하게 켜놓는다.

인도에서 연꽃은 물질이지만 정신적인 것을 상징한다. 연꽃에 관한 수많은 전설이 있고, 수많은 유물과 유적에도 연꽃이 보인다. 그래서 호수나 연못에 사는 실제 연꽃보다 이야기와 신화, 예술 작품에 보이는 연꽃이 더 많다는 말이 나올 정도다. 일찍이 인더스 강 유역에서 연꽃이 자란 것으로 보이는데, 하라파 유적에서 발견된 어머니 신의 머리장식이 연꽃인 것으로 보아 그렇게 추정한다.

힌두교에서는 신성한 미를 연꽃에 비유한다. 연꽃 같은 눈을 가진 크리슈나 신, 연꽃 같은 입술 등 아름다움을 연꽃에 비유한다. 창조의 신인 브라마와 창조된 것을 보존하는 힌두교의 최고의 신 비슈누도 연꽃과 함께 나타난다. 아름다움을 대표하는 시바 신은 사랑과 미를 위해 춤춘다고 여겨진다. 그래서 남부 촐라 시대에 많이 제작된 유명한 청동신상 〈춤추는 시바〉의 발밑에도 연꽃이 자리한다.

연꽃과 연결된 락슈미 여신은 불교와 자이나교에서도 숭배된다. 불교와 자이나교에서도 연꽃이 신성한 아름다움을 의미하기 때문이다. 진흙 속에 뿌리를 내렸으나 물위에 떠 있는 연꽃은 진흙이나 물이 묻지 않은 상태로 윤회의 사슬에 매이지 않은 삶을 상징한다. 〈바가바드기타〉에는 "애착 없이 의무를 다하는 사람은 연잎에 물이 묻지 않는 것과 같고, 절대자에게 굴복한 사람은 사악한 행동의 영향을 받지 않는다"고 나온다.

불교에서 젊은 미인인 락슈미는 붉은색 옷을 입은 온화한 얼굴로 순수함과 영적 완벽함을 상징하는 연꽃과 함께 나타난다. 기원전 3세기의 불교 유적지 산치와 바르후트에서 발견된 락슈미 여신상은 손에 연꽃을 든 모습으로 코끼리와 함께 있는 아름다운 모습이다. 락슈미를 조각한 것 중 가장 오래된 이 신상은 초기에는 팔이 둘이었지만, 나중에는 팔이 넷인 여신으로 표현되었다.

브라마의 부인인 사라스와티Saraswati도 아름다운 여신이다. 흰 피부에 팔이 넷인, 흰옷이나 푸른색 복장인 사라스와티는 락슈미처럼 연꽃과 함께 있는 모습이다. 신화에 의하면, 사라스와티는 그리스 신 제우스의 머리에서 나온 아테나 여신처럼 아버지 브라

연꽃은 불교, 힌두교, 자이나교에서 다 숭배되었다. 콜카타·뉴델리 박물관에 있는 연화문.
기원전 2세기, 바르후트

마 신의 이마에서 태어났다. 아름다운 여인을 본 아버지가 그녀를 욕망했기 때문인데, 그 욕망을 벗어난 여신은 결국 아버지와 결혼한다. 여신은 브라마가 세상을 창조하도록 아내로서의 역할을 다했고, 4개의 베다도 그렇게 만들어졌다.

지금도 재색이 겸비된 여성은 극찬을 받는다. 한 사람이 재와 색을 다 가지기 어렵기 때문이다. 대개 미인은 지성이 부족하다는 세간의 평과 달리 사라스와티 여신은 지성과 미를 겸비하여 창조의 신 브라마처럼 창조적인 문학과 예술, 학문과 지식의 여신으로 숭배된다. 하얀 피부를 가진 사라스와티는 우아한 여신으로 백조나 공작을 타고 다니거나 연꽃 위에 앉아 악기를 타는 모습으로 그려진다.

그래서 아름다운 여신의 제단에는 책, 펜, 붓, 악기 등이 올려지고, 여신을 기리는 축제도 열린다. 사라스와티 축제가 열리는 날에는 여러 학교와 대학에서 학생들이 여신을 기리는 제단을 꾸며 숭배하고 여신의 축복을 기대한다. 일부 학교에서는 날마다 수업을 시작하기 전에 사라스와티 여신에게 기도를 올리고 일과를 시작한다.

여성적인 자태와 힘을 보여주는 여신은 시바의 아내 파르바티 Parvati 여신이다. 팔 열 개를 가진 황금색 피부의 아름다운 여신으로, 호랑이를 타고 다녀도 우아한 모습이다. 신성한 여성의 이상형인 파르바티의 모습은 12세기 남부지방 한 왕조의 수도 할레비드에 있는 힌두 사원에 잘 새겨져 있다. 다산과 풍요를 상징하는 진주 목걸이를 길게 늘어뜨린 여신의 모습은 성숙한 당대 젊은 여성의 미적 이상형을 드러낸다.

미의 형상화로 일컬어지는 파르바티 여신을 묘사한 다른 표현을 보자. 여신의 입술은 우리나라의 앵두 같은 입술처럼 빔바(덩굴풀)의 열매처럼 붉다. 머리카락은 검고 치렁치렁하며 큰 가슴에 허리는 개미허리처럼 가늘고 예쁜 엉덩이를 가졌다. 산스크리트 희곡에 보이는 파르바티도 육감적이지만 아름답다. 고대의 다른 시인도 파르바티 여신이 얼굴이 달덩이처럼 둥글고 빛나는 흰 피부에 큰 눈과 두터운 입술을 가졌다고 노래했다. 여신의 눈은 연꽃, 눈썹은 카마신의 활, 코는 앵무새의 부리 같다는 표현도 있다.

락슈미 여신처럼 하늘에서 내려온 강가 여신도 항아리를 든 모습이다. 항아리는 자궁을 의미하고 삶의 힘을 가진 풍요와 다산을 상징한다. 그래서 여신은 아이를 낳을 수 있는 풍만한 몸에 아름다운 얼굴을 가졌다. 여신의 이름인 사라스와티는 북부지방에 있던 신성한 강의 이름이다. 종교의식을 집전하던 성스러운 사라스와티 강은 물줄기가 바뀌면서 지금은 사라졌으나 물과 연관된 강가 여신은 물처럼 순수하고 풍요와 다산의 상징으로 받들어진다.

인도의 미적 전통은 힌두 여신의 이미지로 오랫동안 지속되었

아름다운 여신의 대명사 파르바티, 11세기 팔라 왕조, 벵골 지방

다. 인도 문화의 기층도 모신을 숭배했다. 여성은 전통적으로 경외와 숭배의 대상이었다. 힌두 여신들이 삶의 주기와 연계되고, 신성한 에너지와 생명력의 원천으로 여겨졌기 때문이다. 여신들은 나무와 풀의 성장, 행복한 결혼과 출산, 부와 성공과 지적 능력, 적에 대한 승리 등 다양한 모습으로 삶을 관장했다.

"신성한 미인을 보았는가. 엉덩이가 무거워서 천천히 걷고 늘 젊고 가슴이 크고……."

엉덩이가 커서 백조처럼 느리게 걷는 걸음걸이에서 드러나는 여신의 외모는 불면 날아갈 듯이 날씬하지 않다. 여신은 거의 다 몸이 풍만하게 표현되는데, 풍만한 몸매가 다산과 풍작을 상징하기 때문이다. 항아리처럼 둥근 가슴과 엉덩이를 가진 여신은 생산하고 양육하는 어머니를 은유한다. 우주를 지탱하고 지속한다는 뜻을 담은 것이다. 이러한 여신들이 미의 이상형이었다.

가부장적 사회에서 여인의 아름다움이란 영적 의미를 갖게 마련이다. 〈베다〉의 우샤Usa 여신도 어둠을 감싸면서 빛을 가져오는 어머니 신의 이미지가 포함된다. 〈리그베다〉가 나오기 전에 존재한 인더스 문명의 어머니신과 비슷하다. 전쟁의 여신 두르가Durga 여신은 무기를 들고 악마와 싸우는 모습이지만, 그 분위기나 상황

칼리 여신. 19세기 남부지방

은 무서워도 얼굴이나 전체적인 몸은 아름답다. 모든 여신이 아름답지만, 무서운 외모를 가진 벵골지방에서 숭배되는 칼리kali 여신과 천연두 여신 시탈라sitala는 예외라고 할 수 있다. 그러나 이 여신들도 경외의 대상인 점에서 다른 힌두 여신과 같은 위상이다.

인도에는 수많은 여신이 있다. 여신의 모습은 달라도 모두 아름답다는 점이 같다. 여신의 미는 일반인이 이해하기 어려운 경지로 절대자가 아니면 만들 수 없는 아름다움의 극치다. 문학이나 조각, 그림에서 드러나는 여신의 완벽한 미는 살아 있는 인간의 것이 아니다. 상상의 세계에 있는 여신을 인간이 이해할 수 있도록 이승에 사는 인간의 모습으로 표현한 것이 여신이다. 그래서 인간의 개성이 고려되지 않은 여신들은 각 시대의 이상적인 미인의 모습에 가깝다.

일반 여성들은 그러한 여신을 성적 역할이나 성적 정체성의 역할 모델로 여겼다. 최근 연구를 보면, 지금도 인도 여성의 역할 모델은 여신이다. 아름다움이 신에게 가는 길이라고 인정하는 문화에서 인도 여성은 미에 무척 민감하다. 민화와 전설에는 아름다워지려는 인간의 노력을 담은 이야기가 많다. 미인이 되려는 여성은 고행을 통해 깨달음을 얻고 신에게 가듯 온갖 난관과 시험을 거쳐 아름다움을 얻는다.

미의
이상형

내 연인의 눈은
태양과 같고
입술은 산호보다
붉다

2

문학
속의
미인

아름다운 인도 여성은 남성의 문화적 이상형이었다. 역사에서 언급되는 문학과 조각, 연극에는 인도에서 이상적으로 생각하는 미의 이상형이 들어 있다. 인도에서는 문학과 신화와 전설을 구분하기 어렵고, 시와 산문의 구별도 뚜렷하지 않다. 종교와 철학, 법과 윤리를 다룬 내용이 문학과 분명하게 구분되지도 않는다. 음악이나 무용에 대한 글도 문학에 들어 있다. 따라서 이 분야에서 언급된 여성의 아름다움과 이상형은 서로 연결되게 마련이다.

여성의 아름다움을 언급한 첫 예술 분야는 고대 산스크리트 문학이다. 문학에는 아름다운 여성이 많이 등장한다. 이를 통해 인도 문화와 인도인이 여성의 아름다움을 어떻게 인식했는지 알 수 있다. 문학에 등장하는 인도의 미인은 이목구비가 제대로 있는 예쁜 얼굴, 큰 가슴과 큰 엉덩이를 가진 건강한 몸을 가진 여성이다. 문학에 보이는 여성은 이상주의적 미인으로 현실에서 보기 어려운 자태다.

홍미로운 것은 인도 미인의 조건에 영적 측면이 포함된다는 점
이다. 넓은 의미의 영적 아름다움을 가진 여성을 아름답게 여기
는 점이 인도가 인식하는 미의 특징이다. 영적 측면의 미는 눈에
보이지 않는 아름다움이다. 산스크리트 문학에서 미의 역할은 신
체적 감각에 호소하지만, 점차 넓은 의미로 정서와 정신까지 포
함한다.

기원전 15세기부터 구전되기 시작하여 나중에 문자화한 최초
의 산스크리트 문헌 〈리그베다〉와 기원전 6세기 무렵부터 구전
되어 전국에 퍼진 대서사시 〈마하바라타Mahabharat〉와 〈라마야나
Ramayana〉에는 여성의 기능이 반영된 미의 이상형이 언급되었다.
즉 여성의 큰 가슴, 가느다란 허리, 둥글고 펑퍼짐한 엉덩이, 두툼
한 넓적다리에 관심을 두었다. 그런 몸을 가져야 아름다운 여성이
었다.

당신의 넓적다리는 코끼리의 코와 같고 가슴은 잘 익은 야자나무의
열매 같으며 엉덩이는 접시처럼 넓고 허리는 내 손에 잡힐 듯하오.

대서사시 〈라마야나〉에서 아름다운 여주인공 시타를 납치한 악
마의 화신 라바나Ravana는 시타에게 이렇게 고백한다. 다른 산스

크리트 문학에 등장하는 아름다운 여성도 풍만한 가슴이 돋보이도록 몸을 조금 앞으로 숙인 모습이다. 그들은 넓적다리가 바나나나무나 코끼리의 코처럼 둥글고 통통하며 엉덩이가 크고 배꼽이 오목한, 다산할 수 있는 여성이다.

문학 작품에서 공작으로 표현되는 여성도 많은데, 산에서 내려오는 공작은 다산과 관련이 있다. 고대 남부지방의 문학에 보이는, 머리카락이 구름과 같다거나 귀걸이가 번개와 같다는 표현은 다산을 상징하는 신성한 여성과의 관계를 은유한 것이다. 다산하는 여성을 칭송하는 것은 시대와 지역을 넘어 공통이었다. 그들이 미적 이상형이었다.

나무그늘로 오는 길목의 흰 모래가 있는 곳에 앞쪽이 들리고 뒤꿈치가 푹 팬 새로 난 발자국은 풍만한 엉덩이 때문 아닌가.

큰 가슴과 가는 허리, 풍만한 엉덩이를 가진 이상적인 여성의 몸은 4~5세기 굽타 시대에 활약한 칼리다사Kalidasa의 희곡 〈샤쿤탈라Sakuntala〉에서 드러난다. 〈샤쿤탈라〉는 1789년 윌리엄 존스가 영어로 번역했고, 그것이 1791년에 다시 독일어로 번역되어 유럽에 널리 알려졌다. 괴테를 비롯한 독일의 엘리트에게 큰 감동을 준 〈샤쿤탈라〉는 원래 대서사시 〈마하바라타〉에 있는 이야기를 극

본으로 바꾸어 인도 최고의 문학으로 재구성한 것이다.

〈샤쿤탈라〉에서 드러나는 미인의 조건도 두툼한 넓적다리에서 아래로 갈수록 점점 가늘어지는 다리다. 이를 다산의 최적 조건을 가진 몸매로 여겼다. 1000년이 더 지난 무굴 시대에도 이러한 다리가 미화되었다. 같은 작가의 다른 작품 〈메가두타Megaduta〉에 보이는 약시의 모습도 당시 아름다운 여성의 조건을 짐작할 수 있게 만든다. 칼리다사는 풍만한 가슴 때문에 약간 구부정하게 보이는 여인이 조물주가 빚어낸 첫 작품이라고 여성의 아름다움을 노래했다.

젊고 날씬하며 이빨이 살짝 드러나는 입술은 잘 익은 빔바 열매와 같다. 가는 허리에 놀란 사슴의 눈을 가진 그는 깊숙하게 들어간 배꼽을 가졌는데, 엉덩이가 무거워서인지 걸음걸이가 느리다.

이렇게 '큰 가슴을 약간 숙이고, 큰 엉덩이가 무거워서 느린 걸음걸이로 걷는' 여인, 출산에 유리한 몸을 가진 여성을 칭송한 문학은 많다. 〈마하바라타〉의 여주인공인 드로우파디에 대한 묘사에도 카슈미르산 말(馬)과 같다거나 넓적다리가 두툼해서 두 다리가 맞닿을 정도라는 표현이 보인다. 이런 글을 통해 당대의 이상적인 여성의 몸, 아름다운 여성의 조건을 알 수 있다.

고대 산스크리트 문학에서는 여성의 생식력을 경이롭게 여겼다. 여성의 출산력을 풍요와 번영과 동일시하고, 신성하게 간주했다. 여성이 출산의 상징이기 때문인데, 여성을 풍요와 다산, 번영과 관련하여 숭배하고 존중하는 전통이 이어진 것이다. 신성한 것은 아름다움과 일맥상통하기에 아이를 낳고 기르는 신성한 여성이 아름다움의 대상이 되었다.

시인들은 아름다운 여인을 꽃이 핀 가느다란 가지로 묘사했다. 반은 누드인 아름다운 여인과 풍요와 다산의 상징인 나무가 함께 나오는 것은 민간신앙과 관련이 있다. 희곡 〈샤쿤탈라〉에서 주인공 샤쿤탈라가 남편인 왕을 찾아갈 때 나뭇가지가 음식과 물을 주는 장면이 나온 것이 그렇다. 힌두 신화에는 하늘에 아름다운 선녀가 산다고 상상하고, 신의 궁정에서 춤추는 여성인 압사라의 여성적인 몸매를 아름답게 그렸다.

아름다운 여성은 신성한 힘을 가졌다. 그 힘은 가슴과 허리 아래에서 나온다. 이러한 여성의 미는 여성의 사회적 역할과 관련 있다. 여성의 미를 표현하면서 그 시대의 삶과 세계관을 드러낸 것이다. 고대 인도에서 아름다운 여인은 농경사회의 이상형인 풍만한 몸을 가진 여성이었다. 인도에서 풍만한 여성의 몸을 아름답다고 여기고 이상화한 것은 낭만적이거나 성적인 것이 아니었다. 어머니로서 여성의 몸이 갖는 기능적인 중요성에 주목하고 자연의 창조적 속성을 반영한 것으로 보는 것이 옳다.

여성의 둥글고 큰 가슴과 엉덩이를 아름다운 몸의 중심에 둔 것은 아이를 키우는 어머니로서의 기능 곧 인류의 지속가능성을 염두에 둔 것이다. 특히 여인의 젖가슴은 아름다움의 근원이었다. 수많은 시인이 소녀의 가슴을 노래했다. 성숙하지 않은 소녀의 가슴을 꽃봉오리에 비유하여 신성하게 생각했다. 다른 시대와 다른 지역에 살다간 시인들도 같은 모습의 미적 이상형을 노래했다. 중세의 시인 역시 숱 많은 머리카락, 밀 같은 피부, 가느다란 허리, 풍만한 엉덩이로 미인을 표준화했다.

12세기 동부지방 벵골에 살던 브라만 자야데바Jayadeva는 오늘날에도 인도에서 가장 인기가 있는 힌두 신 크리슈나와 그의 연인 라다의 사랑을 다룬 서사시 〈기타고빈다Gitagovinda〉를 남겼다. 럼 신에게 헌신하는 바크티Bhakti 운동의 텍스트로 인기를 얻은 이 작품을 통해 라다는 여신의 경지에 올랐다. 여기에는 친구가 라다에게 얌전함을 버리고 연인을 찾아가라고 권유하는 대목이 있다. 다음 인용문은 라다의 아름다움도 큰 엉덩이와 큰 가슴 등 육감적인 몸에서 나온다는 걸 알려준다.

네 엉덩이와 가슴이 너무 커서 참기 힘들어도 발목의 장신구를 울리면서 다가가라. 그 울림이 망설이는 너의 발걸음을 재촉하리니 야생 오리의 걸음걸이로 달려가라.

고대부터 내려오는 이상적 미인의 얼굴도 대개 비슷하다. 베다 문학에 등장하는 아름다운 여신은 흰 피부에 검은 긴 머리, 가는 허리, 큰 눈, 도톰한 입술, 육감적인 몸, 둥근 얼굴을 가졌다. 칼리다사의 〈메가두타〉에 나오는 주인공의 아내도 "호리호리하고 젊고, 과일 열매처럼 붉은 입술과 가지런한 이빨과 놀란 암사슴과 같은 눈을 가졌다." 그래서 주인공은 아내의 아름다운 모습을 보고 보석을 떠올린다. "그 여인의 자태는 어디에 비할 데가 없는 보석을 그 모습으로 빚어 놓은 듯" 했다. 작가는 〈메가두타〉에서 미인을 이렇게 묘사했다.

호수에서 태어난 연꽃은
이끼에 싸여도
새초롬이 가려지지 않듯이
검은 얼룩점이
흰빛을 내는 달의 아름다움을 더해 주듯,
나무 옷을 입었어도
저 여인은 더욱 아름다워
아리따운 그 모습은
꾸며주지 못할 것이 없네

다른 시문학에서도 미인은 연꽃 같은 얼굴, 향기로운 머리카락, 황금과 같은 피부, 산호 같은 입술, 검은 눈을 가진 여성으로 묘사했다. "내 연인의 눈은 태양과 같고 그녀의 입술은 산호보다 붉다"라는 표현도 있다.

붉은 아랫입술은 갓 나온 어린 잎사귀
부드러운 두 팔은 여린 나뭇가지
매혹적인 젊음은 환한 꽃처럼
온몸을 휘어 감았다.

조물주는
먼저 윤곽을 그리고
거기에 생명을 불어넣었는가?
마음속의 온갖 아름다움을 다 짜 넣었는가?

남부지방의 상감Sangam 시대(기원전 3세기~기원후 4세기)의 고대문학은 북쪽 아리아인의 영향을 받기 전에 나온 2300편에 달하는 시문학인데, 대체로 종교적이라기보다는 세속적이다. 상감 문학을 번역한 라마누잔Ramanujan은 여기에서 드러나는 여성의 이미지가 집안에 한정되었다고 보았다. 시에 나오는 미인은 피부가 어린 망고나무의 잎사귀와 같고 재스민향이 나는 검은 머리카락을 가졌으며, 눈은 붉은빛이 돌고 허리는 장신구가 반짝이는 젊은 여성이다. 그들은 사랑할 수 있는 여성, 관능미를 가진 미인이다.

우리나라나 중국에는 초승달이나 그믐달 같은 눈이 언급되지만, 인도의 고대에는 아몬드나 물고기 모양의 눈을 가져야 미인의 범주에 들어갔다. 이런 큰 눈에 표현력이 담겼을 때 아름답다고 여겼고, 고전무용에서 이런 눈이 강조되었다. 대사가 없이 고전무용을 추는 여성은 눈을 통해 감정을 전달한다. 인도의 대표적 시인 칼리다사는 〈메가두타〉에서 눈 화장을 한 여인의 모습을 이렇게 적었다.

내 눈은 눈이 아닌 빛의 화살이에요. 내 눈썹은 눈썹이 아니라 당신을 파괴할 칼이지요.

고대 문학은 여성의 아름다운 눈을 바다처럼 깊다고 묘사했다. 중요한 것은 매혹적인 눈빛이었다. 여성은 깊은 눈매, 그윽한 눈을 만들기 위해 여러 도구를 썼다. 특히 눈을 크고 날카로워 보이도록 오늘날의 마스카라와 아이펜슬과 비슷한 기능의 자연재료를 사용했다. 아이새도와 같은 검은 가루를 고대 문학에선 안자나Anjana, 중세 이후에는 코홀kohl 또는 카잘kajal이라는 이름으로 불렸다. 은이나 상아로 만든 연필이나 낙타의 털로 만든 브러시를 코흘에 담갔다가 눈의 가장자리를 따라 까맣게 그렸다. 유채기름을 태운 그을림을 은수저에 모은 코흘은 시인들의 노래에 많이 나오는 여인의 대표적인 화장품이다. 문학에는 코흘로 검게 칠한 고혹적인 눈매에 대한 묘사가 많다. 오늘날에도 인도 여성은 눈을 크게 만들고 깊게 보이려고 눈 화장에 많은 공을 들인다.

여인의 아름다움은 흰 이에서도 나온다. "팔에 팔찌를 하고 흰 치아가 돋아난 젊은 여인이 내게 고통을 준다"라는 중세의 노래나 "가슴을 지탱하기에 너무 가녀린 허리" "젊은 여인의 진주와 같은 섬세한 치아가 나를 괴롭힌다"는 타밀 지방에 전해지는 시문학도 희고 가지런한 이를 가진 여성이 미인의 조건이었다는 걸 알려준다.

탈속적인 불교에서도 아름다운 여인에 대한 관점은 힌두교와 크게 다르지 않았다. 불교 신화나 불교 문학에 나오는 미인의 눈썹은 활과 같고 눈은 물고기의 등과 같다. 입술은 연꽃잎을 닮았고, 넓적다리는 코끼리의 코를 가진 여성이 아름답다고 묘사했다. 불교의 모신인 마야 부인도 코끼리의 코를 닮은, 넓적다리를 가진 다산의 여성이다. 종교는 달라도 미적 이상형은 인도 문명이라는 넓은 견지에서 공통적이었다.

또 다른 미인의 조건은 젊음이다. 문학에 나오는 여인들은 다

인도의 모나리자로 불리는 바니 타니. 물고기와 같은 눈썹과 날카로운 코, 루비와 에메랄드,
진주로 치장한 모습이 아름답다. 18세기 라자스탄 세밀화

젊고 아름답다. 아무리 아름다워도 젊지 않으면 아름답지 않다고
여기는 글이 많다. 그래서 젊은 여성이 사랑의 전쟁에서 늘 승자
가 된다. 근대 이전의 가부장사회에서 여성은 재산권이 없고, 자
신의 몸을 뜻대로 할 수 있는 권리도 없었다. 교육을 받지 못하고
사회 진출의 기회가 없는 여성이 승부를 걸어볼 수 있는 유일한
수단이 아름다운 몸이었다. 그러나 그런 미의 권력은 소수만 누렸
고, 그 시간은 아주 짧았다.

전설과 설화에는 나이가 들고 매력이 사라진 여자가 젊고 아름
다운 새 여자에게 밀려나는 근원적인 슬픔을 담은 내용이 많다.
젊음은 여름에게 밀리는 짧은 봄날과 같다. 그것이 자연의 이치
다. 이러한 상황은 20세기 인도의 유명 작가인 물크 라지 아난드
Mulk Raj Anand(1905~2004)의 소설에서 엿보인다. 그가 1935년에
발표한 영문 소설 〈불가촉천민Untouchable〉의 한 대목이다.

굴라보는 천민 중에서도 가장 낮은 계층인 소히니를 몹시 경멸했다.
허나 막 피어오르는 소히니의 아름다운 모습을 바라보는 굴라보의
가슴에는 질투심이 솟아올랐다. 굴라보는 소히니를 위험한 경쟁상
대로 여겼다. 어린 처녀를 질투한다고 자인하진 않아도 굴라보의 가
슴은 천진무구한 소히니에 대한 미움이 가득했다.

젊은 여인을 아름답게 여기는 것은 출산력과 무관하지 않다. 다산과 관련 있는 아름다움은 아이를 낳을 수 있을 때 가치를 가진다. 현대의 과학적 지식으로도 가느다란 허리와 큰 엉덩이 그리고 젊음은 건강과 생식력을 상징한다. 인도의 미적 전통에서 풍만한 가슴과 가는 허리, 둥글고 큰 엉덩이, 점점 가늘어지는 다리를 가진 여성이 아름다운 것은 출산에 유리한 몸매, 새 생명을 창조하는 출산력을 가진 덕분이다. 생명력이 뛰어나며 실용적인 존재로 가족을 탄생시키고 아이를 낳고 기르는, 우주의 창조적 비밀을 가진 여성이 고대부터 대지의 여신, 출산의 여신으로 등장한 건 우연이 아니었다.

아름다움은 문화와 관련이 있고, 문학은 문화를 반영한다. 문학에서 완벽한 여성은 외모뿐 아니라 생각과 행동이 남편에게 집중되는 영적 아름다움을 가진 여성이었다. 힌두 대서사시와 문학의 여주인공인 그들은 덕분에 힌두 여성의 모델이 되었다. 남편을 하늘로 여긴 시타, 남편을 천국에 보내기 위해 불타는 장작더미에 올라 황천길을 동행한 사티, '그대가 가는 곳이 나의 길'이라면서 남편을 쫓아 저승까지 간 사비트리Savitri가 이상적인 힌두 여성, 미의 삼총사로 오랫동안 칭송되었다.

조각과
그림 속
미인

인도의 미술-그림과 조각-은 여성의 움직임과 행동을 통해 아름다움을 나타냈다. 인도 미술은 "인도 여성성의 거울이다"라는 말이 나올 정도로 아름다운 여성이 담긴 예술 작품이 많다. 예술가가 당대의 미의 개념과 이전의 경향을 바탕으로 미의 이상형을 다양한 모습으로 표현한 덕분이다.

이름을 남기지 않은 고대의 예술가 즉 장인들은 문학과 연극에 등장하는 미의 이상형, 아름다운 여성을 테마로 삼고 자신의 상상력을 더하여 예술 작품으로 표현했다. 장인들은 작품을 만들기 전에 명상을 하고 떠오르는 이미지를 힌두 사원의 외벽에 새기거나 그림과 신상으로 만들었다. 시각미술에 등장하는 여성은 달덩이 같은 얼굴과 한 뼘이 안 되는 허리를 가진 미의 이상형이다. 장인들은 이 아름다운 여성을 추상적이지 않고 구체적으로 표현했다.

여인상이나 조각 속의 주인공은 문학에 나오는 여성처럼 다 젊다. 조신하고 정절을 지키는 현모양처형의 여신이나 남성을 유혹하는 매혹적인 약시나 모두 아름다운 얼굴과 몸매를 가졌다. 둥글고 큰 가슴과 탄탄한 복부, 두툼한 넓적다리를 가진 아름다운 그들의 공통점은 모두 역동적이라는 것이다. 인도인은 고대부터 움직이는 여성이 정적인 모습보다 아름답다고 여겼다.

미적 이상형은 남성의 시선이 담겼다. 여성의 사회적 활동이 거의 없던 시절에 미를 생산하거나 향유한 사람들은 남성이기 때문이다. 그러나 사원에서 보이는 미적 이상형은 그곳을 찾는 남성 신자의 성적 호기심을 위해 만든 것이 아니었다. 풍요와 번영을 나타내는 몸, 다산과 생식력으로 대변되는 여성의 모습이 큰 엉덩이, 풍만한 가슴, 가느다란 허리, 두툼한 넓적다리로 표현된 것이다.

갠지스 강 중류의 파트나에서 발견된 마우리아 시대(기원전 322~185)의 여인상을 보자. 인도 최초의 통일제국 마우리아의 수도에서 나온 키가 크고 관능적인 여성미를 자랑하는 약시상은 기원전 3~4세기 무

약시상

렵의 작품으로, 풍만한 몸을 앞으로 수그려 가슴이 강조된 모습이다. 목에는 목걸이가 달랑거리고, 귀걸이와 팔찌, 반지와 같은 많은 장신구로 꾸민 여인상의 매끄러운 표면은 부드러운 살결과 젊음을 나타낸다. 아마도 이 여인상에는 고대부터 내려오는 이상적 미인의 모습이 담겼을 것이다.

기원후 5세기 무렵에 활약한 시인 칼리다사Kalidasa는 〈메가두타〉에서 마치 마우리아 시대에 만든 약시상을 본 것처럼 약시를 아름답게 묘사했다. "호리호리하고 젊고, 과일 열매처럼 붉은 입술과 가지런한 이빨을 가졌다"거나 "놀란 암사슴과 같은 눈을 가진 여인은 큰 가슴을 약간 숙이고, 큰 엉덩이의 무게 때문에 걸음걸이가 느리다"라고 노래한 칼리다사는 약시를 창조주가 만든 최초이자 최고의 미인으로 표현했다.

고대 아름다운 여인이란 출산할 수 있는 몸과 젊음이었다. 약시는 힌두교와 불교뿐 아니라 더 금욕적인 자이나교에도 있다. 자이나교에는 암비카, 타드 등 24명의 약시가 등장한다. 약시가 에로틱한 모습인 것은 성적 암시와 그 결과인 출산과 풍요와 관련되기 때문이다. 그래서 약시는 나뭇가지를 잡은 모습으로 나타난다. 오지에는 지금도 다산의 상징인 나무와 결혼하는 여성이 있다. 나무와 아름다운 여성 약시가 잘 드러나는 작품은 마투라의 불교 유적에서 나온 숭가Sunga 시대(기원전 185~75)의 조각상이다.

조각상의 여인들은 대개
역동적인 자세다. 1~3세
기에 만든 것으로 보이는
마투라에서 나온 약시는
술 마시는 여인, 악기를 가
진 여인, 드럼을 치고 플루트
를 불며 심벌즈를 가진 모습 등

쿠샨 왕조의 동전에 새겨진 여성.
가슴과 넓적다리가 강조되었다.

다채롭다. 그보다 앞서 같은 지방에서 제작된 것으로 보이는 쿠샨
Kushan 시대(30~375)의 여인상도 아름다운 얼굴, 긴 머리, 가는 허
리, 큰 엉덩이, 풍만한 가슴, 우아한 자세로 매력을 한껏 드러낸
다. 산치의 불탑에 보이는 여인의 모습도 비슷하다. 이 시대 예술
가들은 둥근 얼굴, 보름달처럼 풍만한 가슴, 큰 엉덩이와 가는 허
리를 가진 이상적인 여인상을 통해 그 누구도 도달할 수 없는 아
름다움을 표현했다.

4세기에 제작된 마투라에서 나온 파르바티 여신상도 두상이
없어졌지만 굽타제국 초기의 작품으로 보이는 아름다운 모습이
다. 늘어진 귀걸이, 목걸이, 양 가슴 사이로 늘어트린 둥근 펜던
트, 장식된 거들, 발목의 장식까지 아름답게 단장했다. 여신은 풍
만한 다른 여인상에 비해 비교적 날씬한 편이지만, 미의 이상형
이라는 점에선 다른 미인들과 크게 다르지 않은 외모를 가졌다.

파르바티 여신, 4세기 마투라

이 여인상은 오늘날엔 선정적으로 보여도 영적 정서를 불러일으킨다고 평가된다.

카주라호 힌두 사원에서 보이는 여인의 조각들도 다산과 연계된다. 카주라호의 조각상에서 드러나는 당대의 이상적인 여성은 남편에게 헌신하고 아이를 잘 낳는 여성이다. 출산력을 가진 아름답고 젊은 여성이 미적 이상형으로 찬미되었음을 보여준다. 그들은 다 젊고 예쁘고 눈과 가슴이 크며 자신감이 넘치는 역동적인 모습이다. 역동적인 여인은 대개 힌두교 신화와 불교 신화에 춤과 노래를 잘 한다고 나오는 압사라다.

압사라는 구름과 물의 정령인 초자연적인 존재로 모두 젊고 우아하며 춤을 잘 춘다. 하늘나라의 가수이자 무용수인 간다르바 Gandharva의 연애 상대로 등장한 그들은 덕분에 춤과 노래로 유명해졌다. 〈리그베다〉에는 압사라가 간다르바의 아내로 등장하고, 대서사시 〈마하바라타〉에 나오는 압사라는 현자나 영적 지도자를 유혹하는 여인이다. 아름다운 외모를 가졌으나 아무도 그들을 아내로 맞이하려고 하지 않아서 모든 신의 아내가 되어야 한다고 결정되었다는 신화도 있다.

아름다운 여인의 조각이나 그림에서 드러나는 한 가지 공통적인 장신구는 진주 목걸이다. 길이가 길거나 짧은 차이는 있지만 많은 여인상에서 볼 수 있는 대표적인 장신구다. 한 고대 미학자의 해석에 따르면, 여인상의 진주 목걸이는 방울방울 떨어지는 젖의 상징이다. 인도에서 큰 가슴은 젖을 먹이는 어머니로서의 기능과 연계되고, 젖 먹는 아이에게 행복의 근원인 젖이 많은 큰 가슴을 아름답게 여긴 것이다.

시각예술에서 드러나는 여성의 모습은 문학 속의 미인처럼 실제 여성이라기보다 인도의 문화적 이상형이었다. 화가나 조각가들이 직접 보고 만들거나 그린, 살아 있는 여성의 몸이 아니라 이상적인 미인의 모습을 담았다. 장인들은 미인을 직접 본 적이 없을 것이다. 특히 여성이 남성이나 세상과 격리되어 살아간 이슬람 시대에 그려진 여인의 초상화나 세밀화들은 살아 있는 미인이 아닌 미의 이상형을 그리거나 제작한 한계를 분명하게 일러준다.

아름다운 여성은 시대에 따라 변하고, 지역에 따라 다소 달라졌다. 그러나 인더스 문명에서 발견되는 여인상에서 근대에 이르기까지 그림이나 조각에 등장하는 이상적인 여성은 문학 속의 미인처럼 굴곡을 가진 몸매의 여인이다. 조각이나 그림 등 시각예술이 일반 여성의 미적 민감성에 큰 영향을 주었을 것이다. 글을 모르는 여성이 사원에서 보는 조각이나 그림을 통해 아름다움을 보고 배웠기 때문이다.

조각과 신상에서 드러난 풍만한 외모를 가진 여성의 아름다움은 영적인 미라고 불러도 좋을 만큼 신성하다. 이는 몸의 아름다움을 강조한 유럽이나 다른 세계의 이상형과 다른 인도만의 특성이다. 인도인은 어머니의 영적인 미를 욕망을 불러일으키는 압사라나 약시의 미보다 좋게 평했다. 출산하는 여성이 신성한 아름다움과 새 생명의 창조자로서 인도 여성의 미적 이상형이 되었다.

오늘날에는 인도 대도시를 중심으로 큰 가슴과 엉덩이보다 날씬한 몸을 선호하는 풍조가 생겼다. 그러나 엉덩이가 작은 사람은 전통 복장에 덜 어울려서 매무새가 떨어진다고 여기거나 출산에 유리하지 않다고 보는 인식도 여전히 강하다. 얼마 전까지만 해도 풍만한 몸을 가진 남부인도 출신의 여배우들이 영화계를 주름잡았고, 지금도 남부지방의 영화산업은 몸집이 좋은 히로인을 선호하는 오랜 전통을 지키고 있다.

벗은 몸이
순수
하다

1996년 인도의 피카소라고 불리는 유명한 화가 후세인Magbool Fida Husain이 힌두 여신을 누드로 그렸다고 공격받는 일이 일어났다. 그가 1970년에 펜과 잉크로 그린 사라스와티 여신이 장신구만 착용한 누드로, 악기 비나를 앞에 놓고 앉은 모습이 새삼 문제가 된 것이다. 보수적인 힌두 단체는 무슬림인 그가 의도적으로 사라스와티, 시타, 락슈미 등의 힌두 여신을 폄훼했다고 비판했다. 결국 나이 많은 그는 평생을 살아온 인도를 떠나 중동에서 생을 마쳤다.

그러나 누드의 전통은 인도에서 오래되었다. 인더스 문명에서 나온 작은 청동여인상은 팔에는 팔찌를 수북하게 찼으나 생식기를 드러낸 완전 누드다. 오늘날 마디아프라데시의 바르후트에서 발견된 보석으로 풍성하게 치장한 약시상, 비슷한 시기에 나온 부의 여신 락슈미상도 다 누드다. 아잔타 석굴의 벽화에 보이는 왕과 함께 앉은 고귀한 여인도 장신구만 걸치고 얇은 천으로 몸의 아래 부분만 가렸다. 엘로라 석굴의 시바와 나란히 있는 파르바티 여신도 상의를 입지 않았다.

이밖에도 누드나 반 누드의 여인상은 인도에 헤아릴 수 없이 많다. 콜카타의 인도박물관에서 볼 수 있는 마투라에서 출토된 여인상들은 1세기 쿠샨 시대의 작품인데 목걸이와 귀걸이 등 장신구는 많으나 배꼽을 드러냈다. 대영박물관에 있는 흰 대리석으로 만들어진 11세기 사라스와티 여신상도 옷이 없이 허리장식을 늘어뜨려 중요 부위를 가렸다. 사라스와티 여신을 누드로 그렸다고 조국을 등진 후세인은 힌두 여신을 폄훼한 것이 아니라 전통을 따른 셈이다.

매혹적인 여인상으로 유명한 카주라호의 힌두 사원에는 누드 여인이 많다. 1838년 영국군 장교의 발견으로 정글에서 모습을 드러낸 이곳의 힌두 사원은 유네스코가 세계문화유산으로 지정한 11세기의 건축물이다. 아름다운 누드의 여인상이 시선을 잡아끄는데 여인들은 편지를 쓰고 아이를 어르며 악기를 연주하는 다양한 자태를 뽐낸다. 발바닥에 박힌 가시를 뽑거나 거울을 보며 화장하는 약시와 압사라 들도 많다. 현재 최고 인기를 누리는 슈퍼모델의 포즈에도 뒤지지 않을 만큼 유혹적인 그들은 보석과 장신구로 치장한 누드나 반 누드의 모습이다. 오지에 위치한 카주라호가 유명해진 것은 포르노 영화에 나올 법한 도발적인 포즈의 여인들 덕분이다. 야한 동영상이나 그림을 통해 은밀하게 에로스를 경험하는 타문화권의 사람들은 대낮에 공개적인 장소, 그것도 신성한 힌두 사원에서 누드의 조각상들을 마주하곤 입을 다물지 못한다.

아름다운 여인의 모습은 인근의 자이나교 신전에서도 볼 수 있다. 인도를 지배한 빅토리아 시대의 영국인은 조각상을 보고 인도인이 음란하다고 평했다. 그래서 영국에 반대하며 독립운동을 이끈 마하트마 간디는 그런 누드상들을 다 부숴버리고 싶다고 고백했다.

거울 보는 누드 여인.
10세기 괄리오르

남부지방에서 번영을 누린 촐라왕조에서 제작된 파르바티 청동여신상, 17세기에 세워진 마두라이의 미낙시 사원Meenakshi Sundareswarar Temple의 여신상도 악기를 든 상반신 누드다. 서남부지방 호이살라Hoysala 왕국(1026~1343)이 세운 여러 힌두 사원의 여신상도 웃옷을 입지 않은 반 누드가 많다. 북부지방의 데오가르에 있는 자이나 사원의 여인상도 가는 허리와 큰 가슴을 그대로 노출한 맨몸이다. 수도 델리에 있는 국립박물관에 들어서면 가장 먼저 만나는, 9세기에 제작된 학문과 지혜의 여신 사라스와티도 누드의 모습이다.

인도인은 여성의 몸이 아름답다고 여겼다. 여성이 권위와 힘을 가졌다고도 인식했다. 그래서 사원의 벽과 기둥에 락슈미와 파르바티와 같은 여신들, 약시와 같은 인간과 신의 중간자들의 누드를 두었다. 누드와 반 누드의 에로틱한 모습은 산치, 보드가야, 엘로라, 바다미 등 많은 지역에서 나온 여인상의 공통점이다. 아름다운 누드의 여인상을 본 사람들은 직접 경험할 수 없는 미적 즐거움 즉 라사를 경험했을 것이다.

아름다운 여성의 모습을 조각하거나 그림으로 남긴 장인과 공인들은 여성의 미를 표현할 때 두 가지에 중점을 두었다. 하나는 몸을 과장하여 묘사하고, 그밖의 불필요한 것은 배제하는 것이다. 즉 가슴과 엉덩이를 크게 강조하고, 여인상을 허리 아래만 가린 누드의 형태로 둔 채 나머지를 생략하여 아름다움을 돋보이게 만들었다.

힌두의 문화적 이상형은 육감적인 누드 형태로 표현되었다. 서양이나 동아시아권에서는 누드가 부정적이지만, 근대 이전의 인도에선 그렇지 않았다. 가슴과 허리는 물론, 생식기까지 드러낸 여인상을 아주 많이 볼 수 있다. 폐허가 된 불교 유적지에서 나온 고대 여인상도 다 얼굴이 둥글고 엉덩이와 가슴이 큰 풍만한 모습이다. 약간 몸을 굽혀서 에스 라인을 만든 것도 힌두 사원과 자이나교 사원의 여인상들이 가진 비슷한 전통이다. 여인들이 팔찌, 목걸이 등 각종 보석과 장신구로 장식한 것도 그렇다.

불교 사원에서 발견된 여인상들은 후대 카주라호 힌두 사원에서 볼 수 있는 다양한 누드의 압사라처럼 몸이 풍성하다. 기원전 3세기 무렵에 만들어진 약시상은 불교의 이상적인 여성상을 드러낸다. 기원전 100년에 만들어진 불교 약시상도 힌두 여인상처럼 유혹적이다. 바르후트의 여인상은 아소카 나무 아래 나뭇가지를 하나 잡고 상체는 누드로 코끼리 위에 서 있는 모습이다. 여성의 몸을 자연과 동일시했다는 걸 알려주는데, 이는 아름다운 여성이 만지자 활짝 꽃이 피어난다는 산스크리트 문학의 이미지와 같다. 산치와 마투라 등 불교 유적에서 나온 여인들은 다산의 상징인 나무의 여신 약시다.

그래서 불교 사원에서 발견된 아름다운 여인상은 초기에 남성 신도들의 눈을 즐겁게 하려고 만들었다고 해석되었다. 그러나 나중의 연구에 따르면, 불교 사원에 금전을 기부한 이의 3분의 1이 여성임이 드러났고, 신체적인 매혹이 여인상을 만든 주요한 동기가 아닌 것이 밝혀졌다. 마우리아의 아소카 왕이 산치에 세운 불교 사원에서 발견된 기록에도 사원에 기부한 사람의 절반이 여성

호이살라 왕조 시대의 여인. 12세기 할레비드

학문과 지혜의 사라스와티 여신. 12세기 라자스탄

이었다. 남성의 시각적 즐거움을 위해 누드 여인상을 만든 것이
아니었다.

누드의 여인상은 성적 대상이 아니라 인간이 도달할 수 없는 신
성한 형태다. 누드가 매력적이지 않다거나 일종의 사회적 금기인
다른 나라와 달리 인도에선 순수한 형태라고 여겼다. 5세기 무렵
에 나온 굽타 시대의 책《카마 수트라Kama Sutra》는 성에 관한 지침
서로 해석되지만 종교적으로도 받아들여졌다. 즉 누드의 여인상
은 남성의 성적 대상이 아니라 영적인 의미를 가졌다. 여성의 관
능미는 세속적인 의미보다 다산과 성장, 풍요와 번영을 상징했다.
누드는 다산의 잠재성을 은유했다.

불교 사원과 힌두 사원은 물론 인도 전역에서 발견되는 누드
나 반 누드의 다양한 여인상은 여성의 누드가 종교적으로 숭배되
었다는 걸 보여준다. 즉 적나라한 여인상은 오늘날 보통 사람들이
생각하는 것과는 달리 성적 대상이 아니라 순수하고 신성한 존재
였다. 벌거벗은 신상을 인정하지 않는 서구문화권의 여행자들은
벌거벗은 여인의 이미지를 기이하다고 적었으나 인도에는 누드
상을 경멸하지 않는 전통이 있었다.

누드 여인상은 신체적 아름다움과 여성적인 매력이 환영幻影이
라는 점도 일러준다. 보이는 것이 다가 아니며, 그래서 눈에 보이
는 신체적인 욕망에 매이지 않게 경계하는 의미를 담았다. 누드와

반 누드의 관능적인 여인상이 남성 작가와 조각가의 성적 본능의 표현이란 주장도 제기되었으나 그래서 더욱 신체적으로 아름다운 여성이 위험하다는 메시지가 들어간다.

풍만한 몸매를 가진 젊고 아름다운 여인도 영적 아름다움이 없다면 열등하다는 것이 인도인의 생각이다. 인도 문화에서 궁극적인 목표는 영적인 것이 먼저고, 미적인 것이 그 다음이다. 즉 누드의 여인상을 통해 완벽한 몸을 표현하는 것이 목적이 아니라 삶의 영적 가치를 반영하는 이상형을 추구한 것이다. 누드의 여인상은 보는 남성을 유혹하기보다 모성과 생식력을 상징하는 더 깊은 의미를 가졌다.

물론 인도 문화는 관능적인 측면도 중요하게 생각했다. 이상적인 여성의 신체적 아름다움은 에로틱한 측면을 가졌다. 고대의 조각상은 관능미를 자랑하고, 여기에 7세기 이후에 산스크리트 경전인 〈탄트라Tantra〉가 유행하면서 에로틱한 여성의 아름다움이 시각예술에 큰 영향을 주었다. 특히 사원의 여인상에 반영된 이상적여인은 신성하고 초자연적인 힘과 미적 형태가 결합된 것이다. 유명한 소설가 물크 라지 아난드는 에로틱한 여인상이 삶의 즐거움과 풍성함을 상징한다고 말했다. 즉 영적 의미와 성적 매력을 삶의 일부로 인정한 것이다.

힌두 전통에서 남녀의 성적 결합은 신과 영혼의 진정한 관계로 묘사되었다. 음양의 만남이 주는 황홀감을 업으로부터의 해방에 비유한 것이다. 즉 쾌락은 윤회의 사슬에서 영혼을 해방하는 기쁨을 상징한다. 힌두교에서 미는 사랑과 동일시된다. 에로틱한 몸을 가진 성적 능력을 가진 여인상은 굽타제국이나 카주라호에 힌두 사원을 세운 찬달라 왕조에서도 드러난다.

근대 영국인과 다른 세상에서 온 외국인은 받아들이기 어려웠지만 누드의 여인상은 욕망을 가진 인간의 본연적인 모습과 욕망을 넘어서는 순수성을 나타낸다.

자, 남부지방에 전해지는 이야기로 마무리를 짓자. 젖을 먹이는 누드의 여신상을 보고 다른 마음을 품은 한 소년이 있었다. 어느 날 그는 사원으로 들어가 옷을 입지 않은 여신의 가슴을 만지고 희롱했다. 소년은 그날 밤에 죽었다. 여신을 성적 대상으로 보면 안 된다는 교훈이 이러한 이야기로 전해진다.

맘이
고와야
미인

요즘은 얼굴이 예쁘면 모든 것이 용서되는 시대지만, 예전에는 우리나라에서도 외적 미와 내적 미의 조화를 염두에 두었다. '한눈에 반하다'라는 표현처럼 여성의 외적 아름다움은 남성의 눈을 잡아끄는 데까진 효과적이다. 허나 그 사랑을 지속시키려면 외적 아름다움으로는 부족하다. 아름다움이 영원하지 않기에 내적 아름다움이 짝을 이뤄야 사랑이 지속되기 때문이다.

고대부터 인도에서는 얼굴만 예쁜 사람이 미적 이상형이 아니었다. 아름다운 여성이란 외모뿐 아니라 영적, 내적으로 순수함을 갖췄을 때 지칭하는 이름이었다. 아무리 젊고 아름다워도 영적인 아름다움, 신성한 아름다움이 있어야 진짜 미인이라고 보았다. 내적 아름다움이 외적 아름다움보다 오래간다는 것이 인도인의 생각이었다. 20세기 마하트마 간디도 진정한 아름다움은 마음에 순수성이 있을 때라고 말했다. 그에겐 미보다 세속적 욕망을 누르는 것이 아름다움이었다.

18세기 남부지방에 있던 탄조르 왕국의 궁정 무희 무두팔라니 Muddupalani는 외적인 미와 내적인 미의 결합을 강조했다. 그는 보름달처럼 빛나는 얼굴과 말하는 기술이 어울리고 연민이 가득한 눈빛과 말이 어울려야 아름답다면서 관대한 정신과 눈에 보이는 아름다움이 어울리는 자신이 미인이라고 노래했다. 전통적으로 일반 여성도 얼굴만 예쁜 것이 아니라 음악과 노래, 시와 무용과 같은 분야에 능통한 여성을 미인으로 선호했다. 대화와 바느질을 잘하는 여성, 우아함과 자신감을 가진 여인도 신체적인 매력만큼 가치가 있다고 보았다.

인도 고대에 우리나라 기생과 비슷한 역할을 한 여성은 가리카 Garika(경건하고 자유로우며 헌신적인 무희)라고 불렸다. 공적 영역에서 볼 수 있는 유일한 계층이었다. 사회적으로 존중받은 그들의 필수 조건은 아름다움, 젊음, 상냥한 말씨와 같은 외적 조건에 지성과 성격, 선한 행동과 통찰력과 같은 내적 아름다움의 겸비였다. 크게 웃거나 남을 헐뜯고 약점을 말하는 건 피해야 하는 자질이었다. 세련되고 창조적인 생각이 붉은 입술과 검게 칠한 눈만큼 아름다움의 중요한 요소로 여겼다. 내적 미와 외적 미, 우리의 표현인 재색을 겸비한 여성이 최고였던 것이다.

내적 아름다움을 대표하는 여성은 대서사시 〈라마야나〉의 여주인공 시타다. 기원전 5세기부터 전해진 〈라마야나〉는 벵골어와 타밀어 등 여러 지역어로 번역되었고, 문학과 공연예술, 사원의 벽화와 부조 등의 미술, 설화 등의 구비전통의 형태로 지속되었다. "세상이 지속되는 한 나의 이야기는 계속될 것"이라는 이야기 속 라마의 말처럼 〈라마야나〉는 시대와 계층을 넘어서 오늘날에도 상당한 호소력을 지니고 있다. 1990년에는 TV드라마로도 나와 인기리에 방영되었다.

〈라마야나〉의 시타는 인도에서 가장 아름다운 여성이자 가장 이상적인 여성으로 일컬어진다. 시타의 미는 자연의 미로 비단처럼 아름다운 머릿결에서 나온다. 숱이 많고 빛을 받아 빛나는 아름다운 머릿결을 가진 시타는 보름달처럼 환하게 빛난다. 그러나 〈라마야나〉는 시타가 아름다움의 상징이자 남편에게 정절을 지키는 이상적인 여성으로 내용이 전개된다. 시타의 미는 여필종부의 전형인 내적 아름다움에서 기인한다. 이런 미의 기준을 내면화한 남부지방의 여류시인 몰라Arukuri Molla도 시타의 아름다움을 이렇게 노래했다.

그 눈은 연꽃인가요, 사랑의 신의 화살인가요?
그녀의 눈을 말하기 어렵네요.

그 얼굴은 달인가요, 거울인가요?

그 얼굴을 말하기 어렵네요.

그 가슴은 금 항아리인가요, 한 쌍의 새인가요?

그 가슴을 말하기 어렵네요.

그 머리카락은 사파이어 물결인가요, 꿀벌 집단인가요?

그 머리카락을 말하기 어렵네요.

시타를 진정으로 아름답게 여긴 건 남편에게 헌신하는 모습을 보여주었기 때문이다. 남성 중심의 서사인 〈라마야나〉의 줄거리에 따르면, 시타는 남편 라마가 숲으로 귀양을 가자 호화로운 궁정생활을 마다하고 남편을 따라가 14년을 보냈다. 어느 날 악마의 화신 라바나는 시타의 외적 아름다움에 한눈에 반해 그를 멀리 자기가 사는 곳 스리랑카로 납치한다. 라바나는 "당신의 넓적다리는 코끼리의 코와 같고 가슴은 잘 익은 야자나무의 열매 같으며 엉덩이는 접시처럼 넓고 허리는 내 손에 잡힐 듯하오"라고 고백한다. 시타의 미소와 하얀 이, 눈이 아름답다고도 말하지만, 시타는 라바나가 접근하자 풀로 자신의 얼굴을 가리고 외간남자인 그에게 이렇게 말한다.

"당신은 짐승과 같아요. 자, 여기 당신이 먹을 풀이 있네요."

라바나에게 납치된 시타는 이때 최고의 내적 미를 드러낸다. 이는 〈라마야나〉의 7장 순다르 칸다Sundara Kanda에서 드러난다. '아름다움을 다룬 장'이라는 뜻인 이 장은 라마를 충직하게 따르는 원숭이 신 하누만Hanuman이 라바나에게 납치된 시타를 찾는 내용이 담겼다. 하누만이 본 시타의 아름다움은 영적인 아름다움, 내적인 미다. 시타의 내적 아름다움은 몸과 마음이 지쳐서 외적 아름다움이 사라진 역경과 고통 속에서 한층 빛난다. 꾸미지 않아도 아름다운 시타의 아름다움은 남편에게 헌신하는 내적 미의 소산이다. 납치된 고통스러운 상황에서 몸과 마음이 지친 시타의 모습은 아름답다.

시타의 아름다움은 연기에 덮인 불꽃과 같다. 노란색 단벌을 입은 모습은 연꽃이 없는 연못과 같다.

슬픔에 지친 시타는 짐을 가득 실은 선박과 같다.

하누만의 눈에 비친 시타의 모습이다. 납치되어 라바나의 거처에서 지내는 시타는 초라한 단벌에 패물이나 장신구도 없다. 납치된 시타는 치장하지 않는다. 시타의 아름다움은 남편이 있어야 빛 난다는 의미다. 그녀가 가진 장신구는 "남편에 대한 사랑이 전부" 다. 그러나 하누만은 아름다운 옷이나 장신구로 치장하지 않았어 도 시타가 아름답다고 말한다. 그 아름다움은 남편을 사랑하는 순 결한 여성이 드러내는 미다. 향을 싼 종이에서 향내가 나듯 시타 의 아름다움은 힘들 때 드러나는 내적 아름다움이다. 안에 든 본 성이 밖으로 드러나게 된다는 의미다.

시타의 아름다움은 남편인 라마가 있어야 더욱 빛난다. 반대로 라마가 아름다운 건 시타가 있기 때문이다. 아름다운 시타는 세상 에서 가장 아름다운 것의 본질이다. 라마가 신성한 아름다움을 드 러내듯이 그의 짝인 시타도 태양의 광선처럼 빛난다. 그런 시타를 라마와 떼어놓을 순 없다. 남편을 가슴에 담고, 행동과 생각이 정 숙한 시타는 슬픔 속에서도 우아함을 잃지 않는다. 외적인 아름다 움은 시타의 내면을 반영하기 때문이다.

허나 남편인 라마는 이런 그녀에게 다른 선택을 강요한다. 여러 버전의 〈라마야나〉에서 라마의 입장은 가부장적 남편의 전형이다. 라마는 라바나의 왕국에서 무사히 돌아온 시타에게 라바나에게 몸을 더럽히지 않았는지 의심하고 '백설 같은 과거'를 증명하라고 요구한다.

대중이 좋아하는 달력 속의 라마와 시타

낯선 남자의 집에 혼자 머물렀던 여자를 받아들여 결혼한 가정은 없을 것이오. 우리가 다시 살 수는 없소. 어디든 가서 살고 싶은 데서 사시오.

당신은 사악한 악마의 큰 궁전에서 잘 먹고, 불명예스럽게도 살아남았소. 두려움 없이 순종적으로 그곳에서 살았던 거요. 그런데 무슨 생각으로 여기에 왔소? 내가 당신을 원한다고 생각하오?

시타는 울면서 "내 심판은 아직 끝나지 않았네요." "당신이 승리하면서 내 고통은 끝났다고 생각했는데……." 시타는 (시동생) 락시만에게 말했다. "불을 지펴요. 바로 이 자리에서." 망설이던 시동생은 라마를 보며 어떻게 할까요, 하는 표정을 지었으나 라마는 침묵했다. 순종적인 락시만은 나무를 모아서 금세 사람을 화장할 수 있는 장작더미를 만들었고, 구경꾼들은 급박하게 변한 상황을 지켜보았다. 장작더미에 불이 붙고 불꽃이 타오르는데도 라마는 말이 없었다.

이 인용문은 남부지방의 시인 캄반Kamban Kazhagam이 구성한 〈라마야나〉를 바탕으로 세계적으로 알려진 인도 소설가 나라얀R. K. Narayan이 다시 쓴 작품의 한 대목이다. 라바나에게 납치되었을 때 죽지 않은 것만으로도 남편을 배신한 것으로 여기는 라마의 말에 놀란 시타는 "오, 아그니Agni 신이여, 불의 신이여, 내 증인이 되어주시오"라고 말하고는 불속에 뛰어든다. 순결하다면 불의 신 아그니의 도움으로 불타는 장작더미에서 죽지 않고 살아나올 것 이고, 만약에 순결하지 않다면 불에 타 죽는다는, 힌두교의 전통 불의 심판(아그니 파르크샤 Agni Pariksha)을 받는 것이다. 시타는 불의 심판을 무사히 통과하여 남편에게 정절을 지켰다는 걸 증명한다. 아내의 순수성을 확인한 라마는 시타를 데리고 왕국으로 귀환하 지만, 이후에도 주변사람들을 의식하여 시타에게 여러 번 정절을 증명하라고 요구한다. 시타는 결국 그 요구를 거부하고 대지로 돌 아간다. 자살한 것이다.

그런데도 인도 문화에서 시타의 아름다움은 영원하다. 〈라마야 나〉에 나오는 시타의 아름다움을 보자. 그의 피부는 황금색이고 연꽃잎으로 만든 화환을 걸었다. 고른 이빨은 쿤다Kunda(재스민과 의 꽃) 꽃과 같고, 분홍빛이 도는 맑고 큰 눈을 가졌다. 엉덩이는 크 고 둥글며 넓적다리는 코끼리의 코를 닮았다. 돌출한 젖꼭지가 달 린, 크고 위로 올라간 가슴은 수직으로 매달린 달콤한 과일과 같 다. 머리는 숱이 많고 허리는 너무 가늘어서 엄지와 검지로도 잴 수 있다.

인간인 시타는 미의 여신 락슈미의 화신으로 여겨지며 미의 이 상형이 되었다. 아름다움과 조신한 행동으로 여신의 반열에 오른 것이다. 시타의 이름의 어원인 '시트sit'는 피부가 희고 순수하다는 뜻으로, 순결한 여성인 시타가 몸과 정신이 다 정결하고 아름답다는 걸 은유한다. 2500년간 전해지며 사랑받은 대서사시 〈라마야나〉가 알려주는 메시지는 분명하다. 마음이 고와야 미인이고, 남편에게 일편단심인 여성이 아름답다.

긴 머리
여인이
미인

무굴 제국의 황제 아우랑제브Aurangzeb(1658~1707)는 1618년 치열한 왕권 투쟁에서 형을 이기고 황제가 되었다. 형의 나이 어린 아내 즉 형수라고 불러야 할 한 여인을 짝사랑한 그는 황제가 되자 바로 청혼했다. 형수는 "나의 무엇이 그대를 매혹하나요?"라고 물었고, 황제는 "당신의 긴 머릿결"이라고 답했다. 형수는 황제의 편지를 받자마자 자신의 머리카락을 잘라서 황제에게 보냈다. 그런 행동에 더욱 마음을 뺏긴 황제는 "당신의 얼굴은 여전히 나를 매혹하오." 라는 편지를 다시 형수에게 보냈다. 여인은 칼로 자신의 얼굴을 찌르고 그 피를 흥건하게 묻힌 손수건을 보내 황제의 구애를 거절했다. 이룰 수 없는 사랑은 거기서 끝났다.

아우랑제브의 이루지 못한 사랑 이야기에서 드러나는 사실은 남성은 아주 옛날부터 긴 머리를 가진 여성을 아름답다고 여기고 좋아했다는 점이다. 아마도 남성이 정한 것으로 보이는 인도에서 전해지는 미인의 다섯 조건에도 긴 머리카락이 들어간다. 그 밖의 미의 조건은 입술, 이, 피부 그리고 젊음이다. 아름다움은 보는 이에 달렸으나, 긴 머리를 아름답다고 여긴 점에서 드러나는 것은 여성을 아름답게 인정하는 역할이 남성의 몫이라는 것이다.

일부 여성학자는 아름다움이 남성 중심의 사회를 유지하는 도구라고 말한다. 가부장적 남성 중심인 인도 사회에서 여성의 아름다움도 여성을 바라보는 남성의 시각이 반영된다고 할 수 있다. 여성의 아름다움을 외적으로 표현한 창조적인 작업에서 여성은 배제되었고, 따라서 조각, 문학, 회화 등의 예술로 표현된 아름다움의 이상형은 남성 중심을 벗어나지 못했기 때문이다. 긴 머리에 대한 환상도 그 중 하나다.

힌두 신화에는 시바의 아내인 파르바티 여신이 자신의 아름다움을 남편에게 보였으나 감동을 주지 못하자 이 아름다움은 쓸모없다고 자책하는 대목이 나온다. 남편이 인정하지 않는 아름다움은 큰 의미가 없기 때문이다. 시바는 파르바티가 검은 피부를 가진 것을 놀렸고, 이에 파르바티는 황금색 피부를 얻으려고 금욕과 고행을 시작한다. 마침내 원하는 아름다움을 얻은 여신은 남편 시바의 사랑을 얻는다.

긴 머리는 아름다움의 상징, 미인의 상징이다. 지금도 그렇다. 인도에서 물처럼 흘러내리는 긴 머리카락을 아름답고 신성하게

달빛 아래 긴 머리를 손질하는 라다, 17세기 무굴 세밀화

여긴다. 구약성서에서 삼손의 힘이 머리카락에서 나오듯이 인도인은 머리카락을 힘의 근원이자 여성성의 상징으로 여겼다. 이슬람 여성이 친족 이외의 남성에게 머리카락을 보이지 않으려고 스카프를 쓰는 것도 아름다운 머리카락으로 남성을 미혹하지 않기 위해서다.

고대 불교의 미적 이상형인 마야부인은 삼단 같이 길고 숱이 많은 머리카락을 가졌다고 전한다. 지금도 아름다운 여성은 숱이 많은 긴 머리에 물색 고운 사리를 차려 입은 고전적인 모습이다. 남자들은 대개 셔츠와 바지를 입지만 여자들은 지금도 대다수가 전통적인 옷차림에 긴 머리를 고수한다. 더위가 기승을 부리는 열대에서 몸을 감싸는 옷차림과 간수하기 쉽지 않은 긴 머리는 아름다움이 역사처럼 오래간다는 걸 보여준다.

아버지가 행실이 나빠 가문의 명예를 더럽힌 딸의 머리채를 자르는 이유도 아름다움을 빼앗아 사회적으로 여성성을 인정받지 못하게 한다는 뜻이 들어간다. 남편을 앞세우고 홀어미가 된 힌두 여성들이 머리를 삭발하고, 슬픈 일이 있을 때 머리를 풀어헤치는 것도 같은 이유다. 출가하는 사람들의 삭발도 세속적인 아름다움과 결별한다는 의미가 포함된다. 머리카락이 아름다움과 여성다움의 근원이기 때문이다.

예전에는 기름을 잘 발라 땋아서 올린 뒤에 꽃으로 장식하는 것이 아름다운 머리 스타일이었다. 머리를 세 가닥으로 땋아 정리하는 방식이 가장 신성하다고 여겼다. 그 이유는 강가, 야무나, 사라스와티의 성스러운 세 개의 강이 만나듯, 브라마, 비슈누, 시바신이 만나듯 셋이 만나는 곳을 신성하다고 여겼기 때문이다. 머리 장식에도 종교적인 의미가 강하게 배어 있다.

고대의 여인들도 머리를 아름답게 꾸몄다. 마우리아와 숭가 왕조에서 만들어진 여인상을 보면, 머리 장식에 가운데 가르마를 내어 두 갈래로 땋거나 뒤에 하나로 쪽을 쪘다. 북방의 영향이 강한 쿠샨 시대의 여인들도 어깨까지 내려온 긴 머리를 했던 것으로 보인다. 오늘날 고전무용을 하는 무용수처럼 길게 뒤로 땋아 하나로 묶거나 다섯 가닥으로 땋아 내린 뒤에 보석이나 연꽃 모양의 머리장식으로 치장한 여인들은 매혹적이다.

이채로운 머리 장식. 7세기 괄리오르

여성이 머리를 아름답게 꾸미는 것은 아름다움을 더하기 위해서였다. 여성의 몸을 머리에서 발끝까지 세밀하게 묘사한 중세 문학에는 여인의 머리카락과 가르마를 정교하게 묘사한 글도 들어 있다. 이때도 숱이 많은 머리가 아름답다고 여겼다. 머리에 꽃을 꽂고 여러 장신구로 치장하며, 가르마에 붉은색 가루를 뿌려서 아름다움을 더했다. 남부지방의 타밀 문학에는 "가슴의 꽃봉오리가 피었고, 숱 많은 부드러운 머리카락이 흘러내린다"는 표현으로 숱이 많고 긴 머리카락을 가진 미인을 노래했다.

칼리다사가 5세기에 쓴 〈메가두타〉는 '구름의 사신(두타Duta)' 이라는 뜻으로, 풍요의 신 쿠베라Kubera의 저주로 신통력을 빼앗긴 채 신혼의 아내와 헤어져 사는 약사의 시점인 시문학이다. 반은 신이고 반은 인간인 주인공이 하늘을 뒤덮은 검은 비구름을 보면서 아내를 생각하며 적은 형식이다. 여기에는 여성이 아름답게 보이려고 몸을 꾸미는 것이 남편이 집에 있을 때라는 것을 암시한다. 머리 손질도 그중 하나다. 〈메가두타〉에 나오는 표현이다.

한 가닥으로 땋아 내린
혼자가 된 여인의 머리처럼

〈메가두타〉에는 "먼 길 떠난 남편을 둔 아낙네들, 남편이 온다는 확신에 기운을 차리며 풀어헤쳐 헝클어진 머리칼을 가다듬고" 라는 대목도 있다. 즉 남편과 헤어져 지내는 아내들은 머리를 빗지 않고 한 갈래로 묶거나 헝클어진 채 놔두었던 것이다. 그야말로 산발한 채 지냈다. 남편이 먼 길에서 돌아오면 그제야 머리를 다시 손질하고 단장한 뒤 귀가한 남편을 맞았다. 오늘날에도 기름을 잘 발라서 반지르르한 긴 머리카락은 여성의 자랑이다.

긴 머리를 여러 가지로 치장하는 미용법을 가진 인도에서 오늘날 우리가 머리를 감는 데 사용하는 샴푸가 탄생한 건 놀랄 일이 아니다. 영어 '샴푸Shampoo'의 어원은 힌두스탄의 언어 '참포champo'로, 1760년대 무굴 시대의 동부지방에서 시작되었다. 벵골 지방의 왕이 향과 식물의 기름, 알칼리 등의 재료를 넣어 두피 케어에 쓴 것이다. 19세기 인도에 살던 영국인이 이 방식을 고국에 가져가 미용실을 열었고, 널리 알려지게 되었다.

인도인이 긴 머리카락을 성스럽게 여기는 것은 마치 인간의 삶처럼 자라고 죽기 때문이다. 머리카락은 이승과 저승을 연결하고 세속과 탈속을 잇는다고 여겼다. 그래서 예전의 순례자들은 머리카락을 잘라서 신에게 바쳤다. 부유함으로 이름이 높던 서해안 솜나트의 힌두 사원은 성스러운 날에는 10만 명의 참배자가 모여들었는데, 신에게 바치는 순례자의 머리카락을 자르는 이발사만 3000명이 넘었다고 한다. 지금도 칸치푸람의 힌두 사원에서 머리를 다 민 여성을 많이 볼 수 있다.

1990년대 말 인도 연방의회의 한 남성의원이 "단발머리 여자들은 인도인이 아니다"라는 놀라운 발언으로 한동안 세상이 시끄

러웠다. 여성의원 할당제에 대한 안건을 토의하는 도중에 나온 이 대담한 발언에는 서양의 악영향을 받은 '단발머리들'을 인도인이라고 할 수 없다는 뜻이 담겼다. 따라서 긴 머리를 가지지 않은 여성들이 인도 여성을 대표할 수 없다는 것이다. 물론 그렇게 말한 남자의원도 서구에서 온 옷을 입었다.

세상이 많이 바뀌었고 그런 발언이 나온 지도 오래 되었으나 대도시의 서구화된 일부 여성을 제외하면 아직 단발머리를 가진 여성은 미인의 범주에서 제외된다. 아이들이나 짧은 머리를 한다고 여기는 인도에선 긴 머리가 다양한 모양을 만들 수 있고 여성스럽다는 이유로 미의 요소로 빠지지 않는다. 남부지방의 여인들은 기름을 바른 올림머리에 꽃을 달아서 은근히 멋과 여성성을 드러낸다.

서구의 영향을 받고 노벨문학상까지 받은 근대 인도의 선각자인 타고르의 소설에는 단발머리에 술 마시고 담배 피우는, 인도인답지 않은 여성이 나온다. 오늘날 인도인이 좋아하는 영화에서도 머리를 짧게 자르거나 바지와 티셔츠를 입은 여자들은 성적으로 헤픈, 남자를 유혹하거나 남자의 접근이 쉽다고 묘사되게 마련이다. 반면에 전통의상을 입고 긴 머리를 한 여주인공은 인도 문화를 수호하는 아름다운 여성으로 묘사된다.

긴머리의 귀족 여인, 17세기 무굴 시대

금으로 만든 장신구가 은은하게 빛날 때

여인은 강가의 나무에 올라가 물속으로 뛰어든다

그녀의 차갑고 향기 나는 머리카락은

하늘에서 내려온 공작처럼 멋지다

남부지방의 한 시인이 노래한 것처럼 긴 머리=여성다움은 영원히 변치 않는 아름다움의 공식이자 남자들의 판타지다. 길고 숱이 많은 검은색 머리카락은 여성적인 느낌을 주는 동시에 건강하다는 걸 뜻하기 때문이다.

'단발머리들'이라는 정치인의 멸시하는 표현에서 드러나듯이 남성 중심의 미의 기준은 그다지 변하지 않았다. 흥미로운 것은 머리숱은 많아야 되지만 몸의 다른 부분엔 털이 없어야 아름답다고 여기는 점이다. 오늘날에도 여성은 터럭이 없는 매끈한 몸을 소망한다. 이 역시 역사가 오래다. 고대의 마누법전에도 몸에 털이 난 여자를 부정적으로 언급한 대목이 보인다. 지금도 일부 신랑 측은 결혼을 결정하기 전에 신부가 될 처녀를 찾아가 외모를 살피고 점검한다. 얼굴이 예쁜 것이 가장 중요하지만, 피부가 거칠고 털이 많은 것도 관찰 항목에 들어간다.

여성이 미를 고민할 때 몸의 터럭에 관한 것이 의외로 많다. 그래서 배운 여성도 털을 없애주는 크림을 바르거나 털을 제거하는 고통을 주기적으로 반복하며 미의 기준에 다가간다. 사리를 입어서 드러나지 않는 종아리의 털까지 제거하면서 미를 추구함이 아름다운 것만은 아니다. 여성이 공격적인 이미지인 털을 감추고 없애는 것은 리비도와 정열을 억압하는 것이다. 그래도 긴 머리 소녀는 여전히 미인의 필수조건이다.

어머니가
아름답다

인도에는 아름다운 여인상이 많다. 장인과 예술가는 여성을 가장 아름답게 여기고 가장 성스럽게 보이도록 묘사했다. 조각이나 석상으로 등장하는 락슈미 여신이나 강가 여신이 든 물항아리는 여성의 자궁을 의미하고, 번영과 풍요를 상징했다. 문학에서 보이는 아름다운 여성은 연꽃 여인 즉 연꽃의 향내를 가진 여성이다. 연꽃 향을 가진 여성이 아름다운 건 연꽃이 다산을 상징하기 때문이다. 곧 어머니가 중요한 것이다.

아버지는 아들이 왕이 되었을 때 행복하고, 어머니는 배가 불러 만삭일 때 행복하다.

이런 말이 전해지는 인도에서 여성은 어머니로서의 아름다움이 주목받는다. 아름다운 여성은 아이를 안은 여성이다. 서구 문화에

물항아리를 든 번영과 풍요의 여신 강가. 5세기 굽타 왕조

서 성모마리아가 담긴 그림이나 상像은 보는 사람에게 신성함을 준다. 크리슈나의 양모養母인 야소다Yasoda가 크리슈나 신에게 젖을 먹이는 모습은 서양의 성모마리아처럼 인도인이 사랑하는 그림이다. 각 지방에는 두 사람을 담은 다양한 그림이 남아 있다.

인도 문화는 특히 아이를 낳아 기르는 여성을 아름답다고 여겼다. 여성의 가슴은 젖을 주는 어머니다. 우리가 어머니라는 말만 들어도 눈시울이 뜨거워지는 것은 어머니와 보낸 시간과 그 시간 속에 짜 넣은 기쁘고 슬픈 기억들과 관련된다. 특히 아이를 기르고 보호한 어머니의 젖가슴이 안정과 평온함의 상징이다. 젖을 먹이는 어머니는 에로틱한 성적 대상의 위험한 여성에서 양육하는 어머니로 바뀐다. 이러한 이미지는 종교적으로 사용되었다.

힌두 신화에는 쿠베라의 부인 하리티Hariti가 악마 500명을 젖을 먹여 기르는 대목이 나온다. 하리티는 지칠 줄 모르는 다산이 특징이다. 인도 문화는 여성의 가슴을 아름답다고 여기고 어머니에 대한 경외감과 경이로움을 강조했다. 생명을 주고 키우고 보호해주는 어머니를 신성한 존재로 받들고 숭배하는 전통을 가졌기 때문이다. 고대 문명의 발상지 인더스에서 어머니로 보이는 테라코타 상이 발견된 이후 여성은 대지의 여신 즉 어머니로 간주되었다.

출산의 기능과 연계된 여성의 큰 가슴과 펑퍼짐한 엉덩이가 강조된 것은 젖과 수유하는 여성이 다산과 양육을 상징하기 때문이다. 그래서 어머니는 외모에 상관없이 모두 늘 아름답다! 어머니는 내적 아름다움과 영적 아름다움을 가진 여성이다. 아이를 낳고 키우는 여성이 아름답고 신성하다는 전통은 아득한 고대부터 지속되었다. 조각과 신상에서 드러난 풍만한 외모를 가진 어머니의 아름다움은 영적이라고 불러도 좋을 만큼 분위기가 다른 문화권과 다르다.

여신과 여성이 신성하게 여겨지는 이유는 모든 걸 주는 어머니이기 때문이다. 출산은 여성의 자연이 여성에게 준 신성한 책임이었다. 고대부터 아이를 낳는 능력을 가진 여성의 몸을 모든 것을 창조하는 대지로 여겼기 때문이다. 구비 전통이 강한 인도 설화와 전설에는 아이를 점지해주는 신의 은총을 다룬 이야기가 아주 많다. 농경사회에서 후손의 필요성은 두말할 여지가 없지만, 가부장적 관점을 넘어서도 여성에게 아이가 필요했던 것이다.

인도에서 아름다운 여성이란 성숙한 여성 즉 결혼한 여성이다. 아이를 낳고 기르며 남편에게 정절을 지키고 가족에게 헌신하는 자기희생적인 여성이기 때문이다. 미적 쾌락을 추구하는 방법으로 아름다운 여성을 묘사한 예술에서도 주인공은 가정주부였다. 남편에게 기쁨을 주는 아내이자 어머니를 완전한 여성으로 여기고, 그들을 신성하고 순수하다고 여겼다. 신성하고 순수한 여성은 정숙한 아내와 자애로운 어머니일 때 아름다운 법이다.

결혼하고 아이를 가진 여성이 영적인 여성이자 미적 이상형이었다. 새 생명을 창조하고 사랑으로 키우는 어머니는 신비한 힘을 가진 정숙한 아내이자 순종적인 배우자로도 신성시된다. 다시 말하면, 아름다운 여성은 아이를 잘 낳고 기를 수 있는 '황금박과 같은 가슴'과 '강둑과 같은 엉덩이'를 가진 젊은 기혼 여성이었다.

어머니의 역할이 출산과 양육 등 자연과 연계되면서 여성은 거의 모든 사회에서 권력이나 공적 영역에 참여가 제한되었다. 인도에서도 여성이 어머니일 때, 특히 아들을 얻었을 때 존재의 의의를 가지게 되고, 그렇지 않으면 소용없다는 논리가 이어졌다. 어머니가 되지 못한 여자의 일생을 불완전하게 여기니, 여성의 자신감과 자존심은 아들에게서 나올 수밖에 없다.

스승은 다른 사람보다 열 배 이상 존경받아야 한다. 아버지는 스승보다 백 배 이상 존경받아야 한다. 어머니는 아버지보다 천 배 이상 존경받아야 한다.

고대의 마누는 이렇게 어머니의 중요성을 말했다. 〈라마야나〉의 주인공 라마가 아내 시타를 받아들인 것은 아들을 처음 만난 뒤였다. 또 〈샤쿤탈라〉에서 주인공이 헤어졌던 샤쿤탈라를 인정하는 것도 어린 아들을 본 후였다. 인도 사회에서 어머니와 아들의 관계가 인간관계의 기본적이고 궁극적인 모형이었음을 보여준다. 여성은 이러한 여성 즉 시타, 샤쿤탈라 등이 상징하는 미적 이상형을 받아들였다.

아리아인이 오기 이전의 인더스 문명은 모계사회로 추정되고, 어머니 신을 숭배한 것으로 보인다. 후대의 여인상이나 그림에서 보이는 가슴과 생식기, 복부는 어머니 신의 우주론적 에너지를 상징한다. 인더스에서 나온 가슴이 작고 호리호리한 청동여인상은 풍만하지 않아도 생식기를 드러낸 모습이다. 임신한 여인의 모습과 여성의 성기를 숭배한 유물이 발견된 인더스에서는 출산 능력을 가진 모신, 대지의 여신이 숭배되었다는 걸 짐작할 수 있다.

베다 시대는 가부장적 사회였으나 문학에는 수많은 여신이 등장한다. 대서사시나 신화를 통해 여러 신을 찬양한 힌두 경전 〈푸라나puranas〉에도 수많은 여신의 이름이 나와 어머니를 상징하는 여신 숭배의 전통이 지속되었다는 걸 보여준다. 여신은 물질적으로나 정신적으로 모든 것의 근원으로 여겨졌다. 농경시대인 고대는 생산과 창조가 중요했다. 생산하고 키우는 어머니가 주요한 숭배 대상이 되는 건 당연한 수순이었다.

그래서 신성한 존재를 다양한 형태로 숭배하는 전통을 가진 힌두교에서 신성한 어머니가 가장 인기를 끌었다. 인도의 창조 신화에서 그런 믿음의 시작이 보인다. 태초에 신이 있었는데, 홀로 있

어머니와 아들. 11세기 팔라왕조, 벵골 지방

으니 도대체 기쁨이 없었다. 그래서 그는 스스로 남녀가 포옹한 상태로 몸을 키워 둘로 나누었다. 그리하여 남녀가 탄생했다. 이렇게 한 몸에서 분리된 존재가 남과 여이기 때문에 여성이 없는 남성은 불완전하다. 창조란 남성과 여성의 생명력이 만나야 가능한 것이 아닌가.

그래서 신성함의 상징인 여신이 남성의 동반자로 등장했다. 힌두교에 남신과 여신이 다 있는 건 그래서다. 시바 신과 샥티Shakti 여신을 보자. 시바는 존재의 시작으로 탄생을 관장하는 아버지고, 샥티는 양육과 보존을 담당하는 어머니다. 신성한 어머니인 샥티는 데비, 우마, 파르바티, 락슈미, 사라스와티 등 여러 이름으로 불린다. 샥티는 창조하고 키우는 생명력과 출산력 등 여성의 역동적인 에너지로, 우주의 창조원리를 나타내는 이 우주의 에너지가 여신으로 숭배된 것이다.

미의 여신 락슈미는 비슈누, 라다는 크리슈나, 시타는 라마, 파르바티는 시바의 배우자로, 인도에서 이상적인 아내로 여겨진다. 여신이 동반자와 결혼하는 신성한 혼인 과정을 보여주는 축제도 있다. 결혼식에서 신부는 락슈미 여신과 동일시되는데, 그 이유는 여신이 새로운 가정에 복을 주는 신부이자 생명력을 잉태할 어머니를 상징하기 때문이다. 락슈미 여신은 집안의 구석까지 비치는 빛처럼 가정의 행복을 보장하는 부와 번영의 여신이 되었다.

배우자가 없는 여신도 어머니로서의 중요성을 유지했다. 각 지역에서 받들어지는 독립적인 여신들은 마을의 안정과 풍요와 관련되었다. 여신은 인간이 통제할 수 없는 생의 중요한 고비(출산, 질병, 죽음)를 다루거나 관장하기 때문이다. 농작물을 키우는 대지의 여신, 출산의 여신, 천연두 여신 들처럼 대중의 일상과 깊은 관계를 갖는 여신은 악으로부터 사람들을 지키고 보호해준다. 아름답고 온화한 어머니와 같은 대지의 여신이 된 것이다. 악을 물리치고 질병을 막아주는 자애로운 어머니의 모습은 영국에서 활동한 인도 출신의 페미니스트 수니티 남조시Suniti Namjosi의 우화에도 등장한다.

옛날 신과 악마가 전쟁을 벌였는데 언제나 악마들이 이겼다. 악마의 거주지에 있는 젖으로 만든 호수 때문이었다. 상처를 입거나 목숨을 잃은 악마를 호수에 던지면 곧 상처가 아물고 죽은 목숨도 되돌아왔다. 패배로 크게 상심한 신들은 창조의 신 브라마를 찾아갔다.

"우린 악마를 이길 수가 없습니다. 적들이 젖의 호수를 가지고 있으니까요."

하소연을 들은 브라마는 "젖이 어디에서 나오는지를 생각해보시오."라고 귀띔했다.

"아하!"

SIRISH CHANDRA CHITRAKAR

크리슈나에게 젖을 먹이는 야소다. 18세기 콜카타 지역 민화

해답을 얻은 신들은 곧장 여신들을 찾아가 부탁했다.

"부디 우리에게도 젖을 주오."

여신들은 애원하는 신들이 너무 가련해 보여서 승낙했다. 여신의 지원을 받는 신과 악마는 오늘도 막상막하의 싸움을 계속하고 있다.

여신을 숭배하는 관행이 성행한 굽타 시대에는 강하고 매력적인 여신들이 힌두 사원을 장식했다. 힌두 사원에서 사라스와티처럼 신의 배우자나 두르가처럼 독립적인 여신을 숭배하는 의식을 가졌다. 신성한 여성을 대표하는 여신은 부족민뿐만 아니라 엘리트도 숭배했다. 힌두 문화의 전성기인 이때부터 모신의 개념이 시작되었다고 말하는 학자들이 있다. 이 무렵에 인도를 어머니(마타 Mata)로 여기고 그 땅(바라트Bharat)에 사는 사람들을 어머니의 자식으로 여겼기 때문이다. 바라트 마타Bharat Mata는 나중에 상상의 인도를 상징하는 민족주의자의 슬로건이 되었다.

여성을 이 세상 모든 성공과 즐거움의 원천으로 여기면서 어머니의 형태로 숭배하는 경향이 이어졌다. 모성을 가진 여신이 신의 자식인 인간을 돌보고, 인간은 그런 여신을 아름다운 어머니 신으로 숭배하는 것이다. 아이에게 엄마가 안전한 존재이듯 인간에게 여신의 존재도 비슷하다. 농업 생산력과 연계되거나 히말라야 봉우리의 난다 여신처럼 산이나 언덕의 여신으로 그 안에 거주하는 자식들을 구원하고, 강과 호수의 여신으로 생명의 원천인 물을 정화한다.

인도에는 여성적 에너지의 현신인 수많은 여신을 어머니처럼 경외하고 숭배하는 전통이 지금도 남아 있다. 지역과 시대에 따라 인기와 숭배를 받는 여신은 달라져도 그들이 아름답게 묘사된다는 점은 같다. 어부가 받드는 여신, 매춘을 하는 여성이 모시는 여신도 다 아름답다. 인도를 여신의 나라라고 불러도 좋다.

인도에는 오늘날에도 여신을 숭배하는 전통이 생생하게 살아 있다. 인더스 문명에서 그 기원을 볼 수 있으니 무려 5000년이 넘게 이어져온 것이다. 인도에서 여성이 숭배되는 것은 어머니와 연인으로서 우주론적인 삶과 에너지의 상징이기 때문이다. 문학이나 조각에서 드러나는 이상형은 모두 어머니가 주요한 테마다. 임신한 여인, 아이들과 함께 있는 여인, 생식기가 강조된 여인은 모두 다산과 풍요를 상징했다.

힌두교에서 여신은 어머니로 숭배되었다. 그 어머니가 애국과 깊은 연계를 가진 것은 근대에 이르러서다. 영국의 지배에 반대하는 인도인의 독립운동에서 '인도의 어머니'는 '모국 인도'를 의미했다. 수많은 애국자들이 어머니 신을 숭배하며 독립을 위해 싸웠다. 이때 그려진 바라트 마타는 키가 크고 사리를 차려입은 긴 머리의 아름다운 모습이다.

아름다움은
현실

남편이
오래 집을 비우면
여자는
장신구를
하지 않는다

3

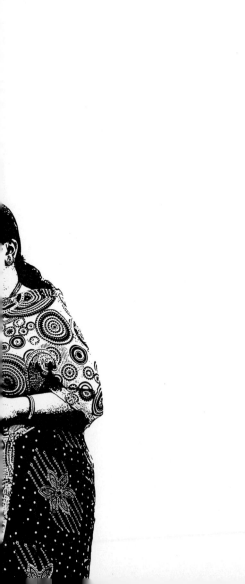

가부장제
속의
아름다움

아름다움은 여성의 신체적 특징이다. 신체적으로 아름다운 인도 여성은 미적인 이상형을 따라가려고 노력했다. 지금의 여성도 그렇다. 용모를 열심히 가꾸는 여성이 아름답다고 여기는 세상에서 꾸미지 않거나 미를 추구하지 않는 여성은 여성답지 않은 것으로 생각하게 마련이다. 여성은 전처럼 미적 이상형에 부합되지 않으면 사랑의 경쟁관계나 결혼시장에서 낙오된다고 배운다.

여성은 아름다움을 추구한다. 외모가 중요한 오늘날엔 남성도 여성처럼 아름답게 보이고 싶어 한다. 허나 남성은 아름다움이 아닌 능력으로 평가받지만, 여성은 예나 지금이나 미로 모든 것이 가려졌다. 예쁘면 다 용서된다는 말은 남성에게 적용되는 말이 아니다. 아름다움은 여성이 닮고 싶은 여성의 이상형이다. 이러한 이상형은 남성이 만들었다. 그들의 가부장적 시선이 아름다움을 언급한 문화와 종교에 깊이 배어 있다.

인도에서는 오래전부터 가부장제 사회에서 바람직한 성의 역할이 아름다움과 연계되었다. 여성은 좋은 여성이 되도록, 즉 남편에게 헌신하고 욕망을 갖지 않고 안주하도록 키워졌다. 아이를 낳아 잘 기르는 것도 그들의 몫이었다. 여성이 인류의 가장 높은 영적 이상형이라는 말은 모성이 사회적 기능뿐만 아니라 여성의 본질적인 의무라는 걸 의미했다. 여성의 이상형은 이런 기능과 의무와 관련되었다.

여성의 입장에선 아름다움을 살아남기 위해서, 또 권위와 권력을 얻는 수단으로 이용할 수 있다. 그런 점에서 가부장적인 제도에서 아름다움은 남성의 강제가 아닌 여성의 지지와 참여로 지속된 면이 강하다. 아름다움을 추구하면서 남성에게 감탄의 시선을 받는 걸 의식한 것이다.

기혼
여성이
아름다워

오늘날 세계 공통의 미인은 아름다운 젊은 아가씨다. 그래서 미인 대회도 미혼 여성만 참가할 수 있다. 허나 인도 문화에서는 아름다운 여성이 미혼이 아니라 임자가 있는 기혼 여성이었다. 얼굴이 예쁘고 마음씨가 고운 여자도 결혼하지 않았다면 아름다운 여성이 아니라고 보았다. 여인의 아름다움은 남편이 있을 때 빛난다. 인도에서 가장 이상적인 아내로 여기는 시타의 옷차림은 결혼한 여성의 옷차림과 장신구를 나타낸다.

그녀는 사랑의 전쟁을 위해 많은 장신구로 꾸몄다. 흘러내린 머리카락에는 엉킨 꽃들이 시들어 있다.

이 글은 인도에서 가장 인기 있는 힌두 신 크리슈나의 연인 라다가 경쟁자를 묘사한 대목이다. 예나 지금이나 여성은 향수와 온

갖 화장품을 이용하여 좀 더 낫게, 좀 더 매력적으로 보이려고 꾸
민다. 남의 눈을 끌거나 사랑받을 수 있도록 외모를 꾸미고 여성
답게 보이려는 것이다. 그래서 여성이 제대로 단장하지 않은 몸을
남에게 보이는 것을 수치로 여긴 전통이 있었다. 대서사시 〈마하
바라타〉에는 여주인공이 머리를 손질하지 않았는데 어른들 앞에
끌려온 것을 부끄럽게 여기는 대목이 보인다.

결혼한 여성이 아름다운 것은 몸을 꾸미고 치장하기 때문이다.
인도 여성이 하는 장신구의 대다수는 "나, 결혼했어요!" 라는 표
시다. 그런 이유로 근대 이전에는 여러 남자를 상대하는 매춘부는
장신구를 쓰지 않았다고 한다. 장신구란 본래 여성성을 상징하고
자신의 위상을 나타내는 것이다. 물론 오늘날의 젊은 여성은 멋이
나 아름답게 몸을 꾸미는 수단으로 장신구를 한다.

신두르Shindur는 결혼한 힌두 여성의 상징으로, 가르마에 빨간
색 가루를 바르는 장식이다. 지금도 벵골지방에 가면 신두르를 바
른 여성을 얼마든지 볼 수 있다. 결혼식에서 신랑이 신부의 가르
마에 붉은색 가루를 바르면서 신두르의 역사와 신부의 역사가 시
작된다. 그래서 남편이 살아 있다는 표시인 신두르는 남편을 앞세
운 홀어미나 미혼 여성은 하지 않는다. 결혼한 여성이 신두르를
하는 이유는 신두르가 성적 욕망을 불러일으킨다고 여기기 때문
이다.

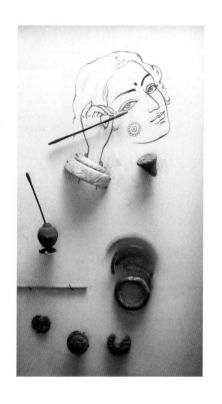

고대 여인의 화장품과 장신구, 콜카타 인도박물관

어렸을 때부터 아내로서의 위상을 귀중하고 신비한 것으로 배우는 여성은 신성하면서도 성적인 사랑에 접근할 수 있게 만든다고 결혼을 열망한다. 그래서 오늘날 영화 속 신랑이 신부의 가르마에 붉은색 가루를 바르는 순간 극장에는 관객의 박수와 환호가 터진다.

인도 여성의 상징처럼 보이는 이마에 장식된 빈디Bindi는 지혜의 눈(혜안慧眼)으로 불리는 제3의 눈으로 영적 의미를 가진다. 신화에 따르면, 시바의 아내인 파르바티 여신이 남편이 가진 제3의 눈을 부러워해서 붉은색 가루를 그 자리에 발랐다. 지역에 따라 틸라크Tilak로도 불린다. 인도인은 붉은색을 신성하다고 여기는데, 빈디와 신두르의 흔적은 인더스 문명까지 거슬러 올라간다. 여성의 꾸밈이 5000년의 역사를 자랑하는 것이다.

이마나 가르마에 바르는 붉은색 가루는 파르바티 여신과 사티 여신의 여성적 에너지를 상징한다. 두 여신은 남편을 위해 자신을 희생하고 헌신하여 힌두 여성의 이상적인 모델이 되었다. 남편을 사랑하는 아내가 아침마다 신두르를 바르면 파르바티가 남편을 보호해준다는 믿음도 있다. 여성의 에너지를 상징하는 붉은색 가루는 강황에 레몬과 수은을 더해 만드는데, 수은이 성적 욕구를 증진시킨다는 일부 주장도 있다. 물론 오늘날에는 이러한 믿음을 기억하고 꾸미기보다 관습적으로 하는 경우가 많다.

친구여, 와서 내 손을 메흔디로 꾸며줘. 내 연인의 이름도 써주고. 이 얼마나 상서로운 일인지.

문학에 나오는 이 표현처럼 인도 여성은 손바닥과 손등에 물을 들여 장식한다. 이를 메흔디Mehndi, 또는 물들이는 식물의 이름을 따서 헤나Henna라고 부른다. 신부는 결혼하기 전에 헤나로 손발을 물들이는데 그 색깔로 사랑의 깊이를 알려준다고 믿는다. 즉 진하면 진할수록 사랑이 깊다는 것이다. 신랑의 이름을 써넣기도 한다. 헤나는 출산과 양육, 성장으로 이어지는 여성의 삶과 연계되어 악을 쫓고 질병과 불행으로부터 막아준다고도 여겨졌다. 헤나의 붉은색은 결혼을 상징하는 상서로운 색으로, 힘과 다산, 부와 행운을 상징한다.

저명한 미술학자 쿠마라스와미A. K. Kumaraswami는 귀걸이와 발목고리와 같은 장신구가 주는 힘을 깨닫기 위해서는 인도와 같은 위대한 전통에서 나고 자란 여성이어야 한다고 말했다. 인도인의 장신구에는 문화적 의미와 상징이 담겨 있기 때문이다. 무엇보다 인도에서 장신구는 보는 사람에게 메시지를 준다. 예를 들면, 결혼했다는 걸 알리는 수단이 그것이다. 장신구란 그저 외모를 아름답게 보이기 위한 것이 아니다.

만약 내가 금과 장신구로 꾸민 허리와 사랑스런 가슴을 가진 내 여자를 생각하며 간다면, 이 무시무시한 사막도 달콤할 것이다.

남부지방의 고대 타밀문학(쿠룬토카이Kuruntokai)에는 사막에 떨어진 남자가 장신구로 치장한 아내를 그리며 힘을 낸다. 서부지방의 사막지대에서 장신구를 많이 하는 여성은 남자의 장신구라는 말이 있다. 아름다운 여성을 완성하는 중요한 요소가 장신구다. 장신구가 없다면 아름다움도 없고, 장식이나 장신구가 없는 여성을 뭔가 부족한 사람으로 여긴다. 우아하거나 예쁜 얼굴을 가진 여성, 좋은 피부와 몸매를 가진 여인도 장신구를 하지 않았다면 아름답지 않다는 것이 인도인의 생각이다.

인도에선 가난하거나 출가한 사람, 남편이 없는 여성만 장신구를 하지 않았다. 다른 말로 하면, 모든 사람이 장신구를 착용했다. 칼리다사의 〈메가두타〉에는 화자인 남편이 헤어진 자신의 아내가 "장신구를 모두 마다한 채, 연약한 몸뚱이를 겨우겨우 지탱하며 쓰라린 아픔으로 침상에 눕겠지요."라고 애절해한다. 여성이 남편을 위해서만 꾸미고 장신구를 착용했다는 걸 보여준다.

무굴 시대에 인도에서 지낸 이탈리아 여행가 마누치Niccolao Manucci(1639~1717)는 인도 여성이 온몸을 패물로 주렁주렁 달고 이리저리 꾸미는 이유를 "남편에게 예쁘게 보여서 남편이 다른 여

매력적인 압사라, 12세기 우타르 프라데시

자에게 한눈을 팔지 않게" 하기 위한 거라고 썼다. 그래서 장신구
는 남편이 있을 때는 꽉 끼게 치장하고 남편이 멀리 떠나거나 남
편이 아닌 애인과 있을 땐 헐렁하게 끼는 것이 관례였다. 발 가락
지, 목걸이, 귀걸이, 허리 장식도 남편이 없을 때는 착용하지 않았
다. 나중에 인도에 온 18세기의 포브스John Forbes도 마누치의 말
에 맞장구를 쳤다.

　　남편이 오래 집을 비우면 여자들은 장신구를 하지 않는다.

　　장신구는 여성을 위해 만들었다. 아니 여성이 장신구를 창조했
다. 모든 것이 상징적인 인도에서는 옷차림과 장신구까지 신을 향
한 의미가 담겼다. 요즘도 장신구는 사회적 신분과 결혼 여부를
드러낸다. 여성이 애용하는 각종 장신구는 이마에 붙이는 붉은 점
모양의 빈디처럼 결혼한 여자들이 '임자 있는 몸'이라고 알리는 표
식이다. 인도 여성은 친절하게도 외양으로 결혼 여부를 알려줘서
남자들이 헷갈리지 않게 도와준다.
　　라바나에게 납치된 〈라마야나〉의 시타는 남편이 자기의 실종을
알아보라고 팔찌, 발찌, 목걸이, 귀걸이, 코걸이를 밖으로 던진다.
결혼한 인도 여성은 예나 지금이나 금팔찌 몇 개 정도는 다 가지
고 있다. 무굴 시대 인도를 여행한 외국인은 일하러 나가는 농촌

여성이 낀 누런 금팔찌를 보고 몹시 놀랐다. 인도에서 팔찌가 없는 여성은 홀어미라는 의미이니 거의 모든 여성이 금팔찌를 했을 테고, 그리 놀랄 일이 아니었는데도 말이다.

나는 홀어미라는 이름을 얻었다.

그 말을 들을 때마다 내 가슴에는 번개가 친다.

신은 왜 내게 그 이름을 주었는가?

이 이름을 지니고 얼마나 더 살아야 하는가?

나는 아마도 이 고통을 견딜 수 없으리라.

아, 이 이름이 먼지 속으로 사라졌으면……

얼마나 끔찍한 이름인지, 그 소리에 몸서리가 난다.

1870년대 벵골지방 한 홀어미가 남긴 마지막 이 일기는 아름다운 세상에서 미적 생활까지 금지된 불행한 홀어미의 삶이 잘 드러난다. 남편이 죽은 여성은 살 만한 가치가 없는 여성으로, 남편이 죽자마자 가장 먼저 팔찌를 빼고 이마에 찍은 결혼의 상징인 붉은 표시를 지운다. 상서로움과 아름다움의 요소를 없애는 것이다. 남편이 없는 여인은 아름답게 보일 대상이 없다는 의미다. 남편과 함께 보낸 행복한 삶을 마감하고 세속적 욕망을 누르는 삶을 시작한다는 뜻도 들어 있다.

오늘날에도 결혼식날 신부는 머리부터 발끝까지 장신구로 장식한 모습이다. 인도 전통에는 열여섯 살을 가장 아름다운 나이로 친다. 그래서 여성의 신성을 인정하고 축하하기 위해 아름답게 꾸미는 16가지 방식이 있다. 이마의 정중앙에 자리한 빈디, 붉은 가루를 가르마에 바르는 신두르, 머리에서 늘어뜨린 티카tika, 눈가를 검게 칠하는 코흘, 아몬드나 물고기 모양의 코걸이, 목걸이, 귀걸이, 손바닥을 장식하는 메헨디, 팔찌와 팔뚝 장식, 반지, 헤어스타일, 발목 장식, 아름다운 사리 등 여러 가지가 제대로 갖춰져야 아름답다. 오늘날 결혼하는 힌두 여성도 이런 방식으로 아름답게 꾸민다.

장신구는 세속적 위상의 표시다. 나이가 들수록 장신구를 적게 하지만, 남편이 살아 있는 여인은 적어도 금팔찌를 한두 개는 한다. 지금도 가장 흔하고 인기가 있는 장신구는 다양한 모양과 방식의 팔찌다. 결혼한 여성들은 유리로 만든 팔찌, 금으로 만든 팔찌, 강철로 만든 팔찌 등 다양한 종류를 애용한다. 유리 팔찌가 가장 인기로, 대개 한쪽 팔목에 8~12개를 착용한다. 즉 16~24개를 짝을 이뤄 양 팔에 나눠 끼는 것이다. 팔찌는 결혼한 여성의 상징으로, 남편이 죽기 전엔 빼지 않는 것이 원칙이다.

여인들은 다시 팔찌 장수에게로 모여들었다. 팔찌 장수는 금사로 수놓은 실크 목도리를 두르고 어머니와 시어머니를 따라 조심스럽게 걸어가는 젊은 새댁들에게 반짝이는 유리 팔찌를 흔들었다.

아난드의 소설 〈불가촉천민〉에는 새댁들이 유리 팔찌를 낀 모습이 나온다. 팔찌는 지역에 따라 다르다. 뱅골지방의 여인이 조개껍데기로 만든 팔찌와 강철로 된 팔찌를 하는데 비해 북부 지방에선 발가락지와 유리 팔찌가 결혼한 여인의 필수품이다. 펀자브 지방의 새색시는 붉은색 팔찌 5∼21개 정도와 두터운 흰색 팔찌 2개를 팔목에 끼는데 이는 다채로운 결혼 생활이 흰색 같이 단조로운 날이 있다는 것, 즉 인생이 만만치 않은 여정이라는 메시지가 담겨 있다.

라힘비비가 새색시로 우리 마을에 오자 우리집의 모든 여자들이 그녀를 보러 갔다. 우리는 신부 얼굴을 보러 갈 때 관습적으로 가져가는 선물도 잊지 않고 챙겼다. 어머니는 팔찌 한 쌍, 고모는 발찌 한 쌍을 새색시에게 선물로 주었다. 큰형수는 은으로 만든 발가락 반지를 선사했다. 신부는 빛처럼 하얗고 예뻤다. 백조처럼 희고, 몸매나 모습이 다 아름다웠다.

친척이나 지인들은 결혼하는 여성에게 장신구를 선물하는 관습이 있었다. 1940년대 지역어로 발표된 이 단편소설에는 동네에 갓시집온 새색시를 보러가는 여인들이 작은 장신구를 선사하는 관습을 보여준다. 장신구는 가장 흔하지만 여성에게 가장 의미가 있고 사랑받는 선물이다.

힌두 문화에선 코에 장식하는 것도 결혼한 여성이라는 의미였다. 그러나 오늘날의 젊은 여성은 결혼과 관계없이 패션의 하나로 코를 뚫고 여러 장신구로 꾸민다. 일부 지역에선 재물과 위상을 나타내는 수단으로 코를 꾸미는데, 부자와 높은 위상을 가진 사람의 보석이나 장신구가 크다. 결혼의 여신인 파르바티를 숭앙하는 의미로 코를 장식하는 여성도 있다.

코에 장신구를 하는 문화는 이슬람 문화가 전한 것으로 추측된다. 코를 꾸미는 것은 코 장신구를 상서롭게 여기는 이슬람 문화의 영향을 받아 한층 발달했다. 특히 16세기 무굴 제국에서 인기를 끌었다. 콧방울에 구멍을 내어 작은 보석을 달거나 진주로 만든 장신구로 입술을 따라 늘어지도록 꾸몄다. 이와 비슷한 전통은 예전에도 있었다. 전통적인 의료 시스템 '아유르베다Ayurveda'에는 콧방울에 구멍을 내면 생식기관이 좋아지고, 왼쪽 콧방울에 구멍을 뚫은 여성이 출산과 생리할 때 고통이 덜하다고 전한다.

결혼한 여성이 주로 장신구를 하기 때문에 이처럼 장신구와 꾸밈에는 결혼 생활과 2세의 탄생과 연결된 여러 가지 속설과 믿음이 얽혀 있다. 남편과의 결속을 상징하거나 다산과 번영을 암시하는 장신구, 행운을 주고 악을 막아준다는 뜻을 가진 패물이 많다. 결혼할 때 여성에게 주는 팔찌는 순수함을 나타낸다. 장신구가 남편과 가족을 보호하고 아들을 낳게 해준다는 속설도 있다. 장신구를 하는 사람은 여성이지만 그 목적은 다 남편과 시댁 식구의 미래와 번영을 위해 하는 셈이다.

결혼할 때 신랑이 신부의 목에 걸어 주는 장신구는 지역에 따라 이름이 다르다. 다양한 모양의 금덩이가 펜던트처럼 줄에 달려 있는데, 남부지방에서는 망갈 수트라mangal sutra라고 부른다. 신성한 실이라는 뜻이다. 벵골지방에선 상아 목걸이가 결혼의 상징이다. 서구문화의 결혼반지처럼 기혼 여성의 장신구는 남편이 죽기 전엔 빼지 않는 것이 원칙이다. 요즘은 장신구를 통해 아름다움을 추구하는 인도 여성의 오랜 전통이 미용 산업의 발전과 함께 오히려 강해진다.

얌전한
여성이
예뻐

힌두 여성의 이상형인 시타, 사티, 사비트리는 정절을 지키고 남편을 위해 헌신하는 공통점을 가졌다. 여필종부의 시타, 남편을 따라 죽은 사티, 남편을 죽음에서 구한 사비트리 삼총사가 보여준 정절, 자기희생, 헌신은 인도 여성이 닮고 지켜야 할 덕목으로 칭송되었다. 아름다운 여신의 대명사이자 부의 여신 락슈미는 남편에게 복종하지 않는 여인은 개나 물어가라고 악담을 했다. 그 전통을 이어받은 오늘날의 인도 영화에도 정숙하고 순종적인 여성이 이상형이다.

힌두 서사시는 "남편을 신으로 여기고…… 설사 옳지 않은 행동을 해도 참아야 한다. …… 술주정뱅이든 문둥병에 걸렸든 혹은 아내를 두들겨 패든 남편은 신으로 받들어야 한다"고 강조한다. '여성에게 남편보다 더 좋은 장신구는 없다'라는 말도 있다. 남편을 숭배하고 그를 신처럼 받드는 아내라야만 죽은 뒤에 천국에 들어간다. 물론 결혼하지 않은 여성에겐 천국이 없다. 일부 하층민은 결혼하지 않은 사람을 아예 화장하지도 않는다. 구원의 여지가 없다는 뜻이다.

여성의 이생에서의 의무(다르마Dharma)는 신과 같은 남편에게 헌신적으로 봉사하면서 남편의 영혼이 좋은 곳에 갈 수 있도록 아들을 낳는 것이다. 일찍이 마누 법전은 출산과 양육이 여성의 의무라고 규정했고, '자궁이 비어 있지 않음'을 칭송하는 단어가 전해지는 걸 보면 아들을 낳는 것이 주요한 임무임을 알 수 있다. 여성의 의무는 남성이 영혼 불멸에 이르는 매개인 아들을 낳아서 아버지가 천국에 갈 수 있게 하는 것이다. 결국 현세와 내세에서 남편이 누리는 행복은 다 아내의 공이다.

현모양처로서 의무를 다하되 외모를 꾸미는 것을 게을리 하지 않는 여성이 칭송받는 것은 이들이 다 남편을 사랑하고 헌신하기 때문이다. 힌두 문화에서 여성은 남편에게 헌신해야만 천국에서 여신이 될 수 있다. 앞에서 본 힌두 여신도 남편이 있어야 아름답다. 신상이나 그림에서 남편과 함께 있는 여신은 표정이 온화하고 신성하다. 시바의 아내 파르바티 여신, 비슈누의 아내 락슈미 여신이 그렇다.

남편 없이 홀로 나오는 독립적인 여신은 숭배를 받지만 두려움의 대상이다. 남부지방의 차문디Chamundi 여신이나 동부지방의 칼리 여신은 잘 달래지 않으면 예측할 수 없는 결과를 가져온다고 여겨지고, 그래서 피와 살점이 드러내며 희생된 동물의 모습과 함께 험악한 모습으로 등장한다. 독립적인 여성은 성적으로 위험한 존재이고, 그래서 남성에게 종속되는 여성, 남편에게 헌신하는 여성이 이상적이라는 의미가 담겨 있다.

인도에서 사티에 이어 두 번째로 인기가 높은 사비트리 공주도 남편에게 헌신하여 인상적인 여성이 되었다. 좋은 조건과 능력을 갖춘 여러 남자들의 청혼을 물리친 어여쁜 사비트리 공주는 숲에서 부모를 모시고 금욕적으로 살아가는 왕자를 보고 첫눈에 반했다. 그러나 왕자는 1년 안에 죽을 처지였다. 그런데도 숲에서 귀양 중인 남자와 결혼을 강행한다. 사비트리는 궁정의 부귀영화를 헌신짝처럼 버리고 눈 먼 시아버지를 봉양하고 온갖 허드렛일을 하면서 이상적인 며느리와 아내의 전형을 보여준다. 1년이 가고 남편이 죽을 때가 되자 사비트리는 남편의 머리를 자기 무릎에 눕히고 남편을 따라 죽기로 결심한다. 공주는 염라대왕에게 남편을 살려달라고 애원하면서 저승으로 끌려가는 남편을 따라간다. 염라대왕은 사비트리에게 "남편을 정성껏 모셨으니 이승에서 더 살다 오라"고 말하지만 그녀는 남편을 따르는 것이 아내의 도리라면서 "남편이 없으면 나는 죽은 몸이나 다름없다"고 대답한다. 사비트리는 헌신과 지혜, 아름다운 말씨로 염라대왕을 감화시켜 남편을 죽음에서 구하고 아이까지 점지를 받는 지혜롭고 아름다운 여인이다.

결혼은 여성이 정절을 지키는 곳이다. 순결한 아내는 가족의 안정에 필수다. 이 점에서 아름다운 여신과 일반 여성은 변하지 않는 미의 특성을 공유한다. 지금도 아내가 1년에 한 번 남편을 위해 하루 종일 단식하며 남편의 무병장수를 비는 축제가 있다. 남편이 오래 살고 나보다 먼저 가지 않기를, 남편보다 자신이 먼저 죽기를 소망하는 것이다. 이론상 여성은 살아 있는 신, 남편의 품에서 죽어야만 천국에 갈 수 있다. 그래서 홀어미가 되지 않기를 비는 축제는 저승까지 남편을 동행한 사비트리의 이름(savitrivrata)이고, 남편에게 헌신하는 여성이 소망하는 천국의 이름도 사비트리(savitriloka)다.

신화에 따르면, 사티는 브라마 신의 아들인 다크샤의 딸이었다. 사티는 친정아버지가 남편인 시바를 희생 제사에 부르지 않고 다른 사람 앞에서 모욕을 주었다고 분개한다. 사티는 남편의 명예를 지키기 위해서 희생 제사의 불에 뛰어들어 자신의 몸을 태워버린다. 나쁜 딸이지만 남편을 자기 삶의 중심에 두는 좋은 아내가 된 것이다. 그래서 사티처럼 죽은 남편의 화장더미에 몸을 던져 함께 타 죽은 힌두 여인과 그 관습을 사티라고 부르게 되었다.

사티, 사비트리, 시타는 19세기 말 인도의 민족주의자들에 의해

다시금 인도 여성이 지켜야 할 적절한 옷차림과 행동규범의 모델이 되었다. 그들은 빅토리아 시대 영국의 숙녀(레이디lady)를 닮은 정숙하고 다소곳한 이상적인 여성이었다. 거칠고 상스러우며 싸우기 잘하는 여염집의 무식한 여인과 구별되는 정숙한 중산층의 여성은 남자처럼 먹고 (술을) 마시고 (담배를) 피우지 않는, 영적인 순수성을 지닌 존재여야 했다. 그 모델이 시타, 사비트리, 사티가 된 것이다.

여성을 독립운동과 사회에 참여하도록 고무한 간디도 여성에게 시타와 사비트리를 따르라고 권고했다. 오늘도 대다수 인도인은 시타나 사비트리처럼 상냥하고 순종적이며 자기희생적인 여성을 이상으로 여긴다. 드러내진 않아도 아마도 모든 남성이 순종적인 여성을 좋아할 것이다. 시타, 사비트리, 사티는 여성의 이상적인 행동양식을 드러낸다. 즉 순종적이고 정절을 지키며 명예를 소중히 여기는 여성의 몸가짐이 신체적 아름다움을 넘어 영적 아름다움을 가진 아름다운 여성의 본질과 전통이 되었다.

이슬람을 믿는 세력이 중심인 무굴 제국의 시대에도 여성의 정절을 중요하게 여겼다. 1556년 무굴의 3대 황제에 오른 아크바르Akbar 시대부터 여성의 정절을 중요하게 여긴 것으로 보인다. 무굴 제국을 여행한 프랑스인 베르니에François Bernier(1625~1688)는 궁중의 여인을 보기 어렵다고 적었다. 이슬람 여성은 물론 상층의 힌

20세기 초 인도국민회의 의장을 역임한 신여성의 '바람직한' 옷차림

두 여성도 대중의 눈에 띠지 않고 살았다. 순수하고 정절을 지키는 여성은 남의 눈에 드러나지 않고 규방에서 남성과 격리되어 살아가는 것이 적절한 처신이었다. 사회적으로 보이지 않는 여성이 이상적이었다.

무굴 시대 여성도 정결한 몸을 중요하게 생각했다. 이슬람의 정결한 몸은 정靜과 부정不淨에 민감한 힌두와 달리 종교적이라기보다 성적인 이유에서 나왔다는 주장도 있다. 아우랑제브 시대에 베르니에가 본 것처럼, 대중 앞에 나서지 않는 이슬람 여성은 베일로 몸을 가리고 여성만 머무는 규방(제나나Zenana)에서 생활했다. 이에 영향을 받은 힌두 상층카스트 여성도 이슬람 여성처럼 베일을 쓰고 규방에서 거주했다. 베일은 여성의 몸을 감싸는 동시에 성적으로 얌전하며 남자와 어른에게 겸손하다는 의미였다.

베일을 쓰는 관습은 힌두도 따랐다. 무슬림처럼 성적으로 성숙한 여성을 남성으로부터 사회적으로 격리하는 것으로 여성의 행동을 통제함을 의미했다. 힌두 전통에서도 여성은 성적으로 취약해서 보호해야 한다는 주장과 여성이 성적으로 공격적이어서 통제해야 한다는 두 주장이 있었다. 이렇게 다소곳한 태도와 집에만 있는 행동을 바람직한 여성이자 사회에서 인정받는 몸가짐으로 여겼다. 흠이 가지 않은 여성의 몸, 순결에 대한 기대가 포함된 것이다.

그러면 왜 사티, 시타, 사비트리는 이상적인 여성이 되었는가? 힌두교의 전통에서는 모든 사람이 배우자가 있다. 그래서 여신도 다 배우자가 있고, 독립적인 여신은 많지 않다. 배우자가 있는 여신은 온화한 이미지를 가지지만, 짝이 없는 독립적인 여신은 싸우고 피를 마시는 무서운 신으로 등장한다. 인도에서 기혼 여성에 대한 선호는 이 점에서도 드러난다. 아름다움은 얌전하고 온순하며 순결한 여성에게 붙이는 이름이었던 것이다.

인도 문명에서는 여성을 남성이 해탈에 이르는 수단이자 그렇게 하지 못하게 막는 장애물로 여겼다. 정부情婦나 춤추는 여인은 나름의 사회적 역할을 수행하지만 남성을 삶의 순환(윤회)에 매어두는, 즉 세속적 쾌락을 주면서 깨달음과 해탈을 막는 존재로 여긴 것이다. 여성의 성을 불신하고 두려워하는 것은 불교에서 특히 도드라진다. 부처가 제자에게 전하는 대화다.

"여자를 보아서는 안 된다."

"만약, 여자를 보면 어떻게 합니까?"

"말을 하지 마라."

"만약 여자가 말을 걸면 어떻게 합니까?"

"정신을 바짝 차려라."

여성의 성을 두려워함은 힌두교도 못지않다. 수천 년 동안 내려오는 카스트 제도의 성공 여부는 여성의 성적 자유와 밀접하게 관련되기 때문이다. 브라만의 순수한 혈통은 브라만 여인의 성적 순수성, 즉 브라만의 아내가 다른 카스트의 남자와 성관계를 갖지 않아야만 보존될 수 있다. 그래서 아내의 정절이 강조되는 것이다. 인도에서 전해지는 다음 표현도 여성의 성에 대한 두려움을 담고 있다.

불이 지속적으로 연료를 필요로 하고 대양이 수많은 강으로 채워지지 않듯이 여성은 결코 한 남자로 만족하지 못한다.

여성이 순수해지는 것은 불이 차가워지고 달이 불타며 대양이 맛있는 물로 채워질 때다.

그리스인 메가스테네스의 기록을 보면, 인도 역사에서 최고의 지도자로 꼽히는 마우리아 왕조의 찬드라굽타Chandragupta Maurya(기원전 340~기원전 298)는 늘 주변에 있는 여인들을 두려워했다. 다른 남자와 눈이 맞은 왕비나 후궁이 자기를 독살하고 그 남자를 새로운 왕으로 삼을까 봐 염려한 것이다. 여인들을 믿지 못한 황제는 낮잠도 청하지 못했다. 중국의 사상가 한비자의 말처럼

"모든 왕비는 왕이 죽기를 기다리는 것"일까? 아니면 인도의 속담 처럼 "낮잠을 자는 왕이 행복하다"인가?

힌두교의 대표적 신 시바의 이야기에도 여성과 그 숨은 욕망을 의심하는 남정네의 속내가 들어 있다. 먼 길을 떠났다가 오랜만에 집에 돌아온 시바는 반가운 마음으로 집안으로 들어서다가 아내가 웬 젊은 남자와 함께 있는 것을 본다. 성미가 급한 그는 집안으로 달려들어가 젊은 남자의 목을 단칼에 베었다. 하지만 정신을 차린 시바는 목이 잘린 젊은 남자가 바로 자신의 아들이라는 사실을 알게 된다. 그가 오랫동안 집을 비운 사이에 아이가 자란 것이다. 아내의 항의를 받은 시바는 가장 먼저 눈에 띄는 존재의 목을 아들의 목에 붙이겠다고 약속했고, 결국 코끼리의 머리가 아들의 목에 붙게 되었다. 그가 바로 코끼리 신 가네샤Ganesha다. 가네샤는 아버지가 어머니의 정절을 의심한 덕분에 코끼리의 머리를 가지게 된 것이다.

동남해안에 있는 칸치푸람은 한때 고대 왕국의 수도로 수많은 힌두 사원이 있다. '천 개의 사원'이라는 별칭을 가진 이곳에는 금지된 사랑을 나누던 한 브라만이 회개의 뜻으로 세운 힌두 사원도 있다. 낮은 계층의 여인과 신체 접촉을 하면 안 되는 '신성한' 브라만이 그만 아름다운 여인에게 눈이 멀어 일을 저질렀고, 그것을 회개하기 위해 신에게 사원을 지어 바친 것이다. 주목할 것은 그가 바친 사원은 자신의 불륜행각을 회개하는 것이 아니라 부정을 타는 불가촉천민 여성과 성적 접촉을 한 사실을 뉘우치는 데서 나왔다는 점이다. 즉 문제는 브라만의 길을 막은 여인의 치명적 아름다움이었다.

타밀 문학에도 가장 중요한 여성의 미를 얌전함으로 여겼다. 얌전한 여성은 자동적으로 아름답고, 아름다운 여성은 자동적으로 얌전하다는 표현도 있다. 여기서 얌전한 여성은 성적으로 방종하지 않은 순수하고 정결한 여성이다. "얌전한 고양이가 부뚜막에 먼저 올라간다"는 우리 속담을 인용하면, 인도에서도 부뚜막에 올라가지 않는 여성이 아름답다. 여성의 다산 능력을 높이 치면서도 통제되지 않은 여성의 섹슈얼리티를 위험하게 여긴 것이다.

남편에 대한 여성의 정절을 보여주는 이야기는 서부 사막지대의 상무 집단인 라지푸트Rajputs에게 많다. 라지푸트 여성은 전쟁에 나간 남자가 끝까지 싸우도록 격려하고, 남편이 집에 남겨진 자신들을 걱정하지 않고 용감히 싸울 수 있도록 적이 오기 전에 자결하는 아내이자 용맹한 라지푸트 전사를 낳는 어머니가 이상형이었다.

이러한 라지푸트 여성의 모습은 이슬람 술탄의 구애와 공격을 받은 서부지방 메와르Mewar 왕국의 파드미니 왕비의 홍미로운 일화에서 잘 드러난다. 파드미니는 당시 세상에서 가장 아름다운 여자로 알려졌다. 그 소문을 들은 델리 왕조의 술탄이 아름다운 왕비의 얼굴을 보려고 군사를 이끌고 침입했다. 1303년이었다. 왕국의 수도를 포위한 술탄은 사신을 보내 "왕비를 한 번만 보게 해주면 후퇴하겠다"고 전했다.

힌두 여성의 얼굴을 무슬림에게 보여줄 수 없다고 여긴 메와르 왕국의 왕과 신하들은 거울에 반사된 왕비의 모습을 보여주겠다고 차선책을 내놓았다. 거울에 비친 왕비의 자태를 본 술탄은 델리로 돌아갔으나, 그 아름다움을 잊지 못했는지 다시 쳐들어왔다. 수도는 함락되고 많은 라지푸트가 죽었다. 왕국의 패배가 눈앞에 다가오자 왕비는 성안의 모든 여성을 불러놓고 장작더미에 불을 지폈다.

라지푸트 여성에게 주어진 운명을 따르는 것은 얼마나 행복한 일인가? 우리의 적들이 이 광경을 보도록 하자. 우리 남자들은 영웅이었고, 우리 여자들은 정조를 지킨다는 것을······.

이렇게 외친 파드미니 왕비와 700명의 여성은 타오르는 불길에 뛰어들었다. 여인들은 무슬림 정복자에게 굴욕을 당하기보다 절개를 지키며 전쟁터에서 죽은 남편을 따라갔다. 그들의 저항 정신과 용기를 증명한 파드미니 왕비의 이야기는 19세기 말 영국의 식민통치를 반대하는 민족주의자에 의해 한층 미화되었다.

힌두 여성의 용기를 보여주는 파드미니와 여인들의 죽음은 여필종부가 여성의 중요한 미덕이라는 걸 드러낸다. 전쟁터에서 몸을 버린 여자는 죽느니만 못하다는 메시지와 남편이 없는 여성은 살 의미와 가치가 없다는 뜻도 담겨 있다. 흥미롭게도 이러한 관점은 기독교 윤리인 정결과 일맥상통하고, 열정(성욕)이 없는 성적 순수성에 대한 신화와 닮았다. 한 가지 더 파드미니가 보통사람에게 주는 교훈은 아름다움이 불행의 씨앗이라는 점이다. 미인박명이다.

인도에서 완벽한 여성은 아무런 흠집이 없는 상태다. 여기서 흠집은 당연히 성적 순수성이다. 희곡 〈샤쿤탈라〉에 나오는 표현을 빌리면, "아무도 향기를 맡지 않은 꽃", "꺾이지 않은 새싹", "흠이 나지 않은 보석", "아무도 맛보지 않은 신선한 꿀"과 같은 여성이 이상적인 여성이다. 이는 가부장적 남성 중심인 관점의 소산이다.

지금도 시골에서는 결혼한 여성이 베일로 얼굴을 가린다. 이것은 외부의 시선이 미치지 않는다, 즉 사회적으로 보이지 않는다는 뜻이다. 여성은 외간남자는 물론이고 시아버지와 시동생과도 거리를 두는데, 이는 은유적으로 성적 접촉을 미연에 막으려는 것이다. 이처럼 여성을 행복한 가족을 망가뜨릴지도 모르는 잠재적 위험요소로 여겼다. 여성의 잘못이 아닌데도 여성에게 순수성의 이데올로기가 덧붙여진 것이다.

'흔들리는 갈대'처럼 여성에 대한 부정적인 말은 아주 많다. 〈리그베다〉도 여성이 통제하기 어려운 성을 언급했다. 남성을 유혹하기 위해 언제라도 춤추고 노래할 준비가 된 여성의 성을 경계하는 것은 이어진 시대에도 반복된다. "꿈의 의미, 왕의 성격, 가을날 구름의 결과, 여자의 마음은 알 수가 없다" 거나 "여자의 마음을 알기보다 차라리 흰 까마귀나 물고기의 발자국을 보는 것이 쉽다" 라는 속담과 경구는 여성의 성적 자유를 놓고 인도 남성이 가진 불신과 두려움의 정도를 알려준다.

인도 전역에는 이런 종류의 이야기가 수없이 많다. 결론은 같다. 성적으로 조신하지 않은 여성은 결코 아름답지 않다.

수많은 지탄과 비판을 받은 사티(죽은 남편과 함께 살아 있는 아내를 화장하는 관습)와 홀어미를 가혹하게 대우한 것도 그 저변에는 자신이 죽은 뒤 살아남아 다른 남자와 잘 지낼 아내에 대한 불신과 질투가 묻어 있다. 이처럼 육욕적인 여인을 믿을 수 없기에 아예 미리 여성의 순수성과 정절을 강조하고, 남편을 향한 아내의 순종을 장려한 것이다. 그러므로 사티가 알려주는 힌두 전통은 남편이 없는 여성은 '실체가 없는 그림자와 같다, 즉 아무것도 아니다'.

앞에서도 보듯이 남편을 앞세워 보낸 홀어미는 어떤 장신구도

하지 않고 소복을 입고 살았다. 홀어미의 소복과 삶의 즐거움을 모두 포기하는 것은 남성이 미혹되지 않도록 여성적인 미를 감추는 장치다. 타밀지방에서는 홀어미를 가장 신성하지 않은 존재로 여기고 삭발했다. 요즘은 조금 느슨해졌으나 홀어미는 머리도 꾸미지 않고 즐거운 축제나 행사에 참석하지도 않았다. 그 논리는 간단했다. "누구에게 보여주려고 단장하는가?"

그러나 많은 이야기가 알려주듯이 여성의 아름다움에게 미혹되는 것은 남성이다. 문제는 여성이 아니라 유혹에 넘어가는 남성이다. 대서사시 〈라마야나〉에 나오는 악마의 화신 라바나는 시타의 아름다움에 단번에 넘어간다. 그는 아름다운 시타를 자기 왕국으로 납치하였다가 라마의 공격을 받고 패하여 비극의 주인공이 된다. 남부지방에서 전하는 유명한 설화에도 춤추는 여인의 아름다움에 넘어가는 남자가 등장한다. 아내를 버리고 무희를 따라간 남자는 1년 뒤에 정신을 차리고 귀가하지만, 생존을 위해 아내의 발목 장신구를 팔러 나가는 무능한 남편이다.

오늘날 인기를 구가하는 인도 영화에 나오는 이상적 여성도 정숙하고 겸손하며, 순종적이고 자기희생적이다. 시타가 대변하는 가부장적 힌두교의 이상형처럼 영화의 여주인공은 관중의 도덕 기준에 부합하기 위해 갠지스 강처럼 순수하고 성적으로 정숙하게 그려진다. 여주인공은 아내와 어머니의 의무를 다하고 가족에게 헌신하는 성스러운 이미지로, 욕망을 불러일으키는 요부와 근본적으로 성향이 다르다.

모든 영화에는 기생이나 춤추는 여자처럼 가족과 사회질서를 위협하는 여성이 나온다. 아내답고 어머니다운 여성과 가족과 사회의 해악인 위험한 여성을 대비하는 것은 여성의 출산능력을 중요시하면서 그 능력이 가져올 부정적인 결과를 염두에 둔 전통의 지속이다. 이제 인구가 많은 인도에서 출산력은 더 이상 미덕이 아니지만, 통제되지 않은 출산력에 대한 남성과 사회적 두려움이 이어지는 것이다.

〈라마야나〉의 시타는 여성의 섹슈얼리티를 통제하려는 남성 중심의 힌두 문화권이 만든, 성적으로 순수한 여성의 상징이다. 시타는 남편의 명예를 지키고 자신의 성적 순수성을 증명하기 위해 불의 심판을 기꺼이 받아들이고, 결국 남편을 떠나 홀로 죽는다. 인도 여성이 아름다움을 추구하는 것도 여성이 수동적으로 남성의 가치를 받아들인 측면이 강하다. 여성이 사회적으로 받아들일 수 있는 방식으로 미를 추구할 수밖에 없는 한계 때문이다.

장신구는
많을수록
좋아

남성도 보석과 장신구로 온몸을 꾸미는 인도였다. 그런 남성의 장신구로 여겨진 여성이 아름다움을 추구하는 경향은 훨씬 강했다. 예쁜 얼굴을 가진 여인이나 좋은 피부와 아름다운 몸매를 가진 여인도 장신구가 없다면 아름답지 않다는 것이 인도인의 입장이었다. 사원이나 박물관에서 볼 수 있는 신상이나 조각상의 여인도 팔뚝과 팔꿈치, 겨드랑이까지 금과 은, 상아로 만든 각종 장신구로 빈틈없이 치장한 모습이다. 여성의 장신구는 드러난 몸을 빈틈없이 전부 장식하는 것과 장신구가 잘 보이도록 옷을 덜 입거나 안 입는 것이 포인트다.

1835년 영국 여성 파니 파크스가 쓴 기록에는 당시 아름다운 상층 여성이 더 아름다워지려고 온몸을 꾸미는 문화가 잘 드러난다. 여성은 장신구와 보석이 잘 보이도록 구름과 같은 얇은 옷을 입고, 보석과 장신구가 잘 드러나게 걸었다. 머리는 진주와 보석으로 꾸미고, 목에서 허리까지 늘어진 긴 진주 목걸이와 보석으로 상반신을 장식했다. 팔과 손목, 손가락, 발목, 발가락에도 보석이 박힌 팔찌와 반지로 빈틈없이 치장했다. 코에는 크고 가느다란 고리에 큰 진주 두 알과 루비가 박힌 장신구로 멋을 냈다.

이렇게 머리부터 발끝까지 꾸미는 여성이 아름다웠다. 아름답게 치장한 여성은 남편의 자부심이자 가문의 자랑이었다. 여성의 아름다움을 돋보이게 하고 더욱 아름답게 만드는 보석이 박힌 각종 장신구는 가진 자의 부와 위상을 반영하고 때로는 권력을 상징했다. 인도인에겐 완전히 꾸민 여성이 완벽한 미인이었다.

장신구를 과다하게 착용하는 것이 공통이지만, 그 디자인과 종류는 시대에 따라 조금씩 달랐다. 여성을 아름답게 만들기 위해 탄생된 장신구는 인더스 시대에서 시작되어 5000년이 넘는 역사를 자랑한다. 그리스의 영향으로 큰 귀걸이가 유행인 적도 있고, 새와 동물의 문양이 들어간 장신구가 인기를 누린 적도 있다. 숭가 시대에 제작된 유물을 보면, 장신구에 보석과 금을 사용한 것이 많다. 가장 많이 쓴 보석은 금과 산호, 루비와 사파이어, 수정과 진주였다.

기원전 230년 중부지방에 섰던 사타바하나Satavahana 왕조는 약 500년간 번영을 누렸다. 로마와 무역으로 번성한 사타바하나에는 금이 많이 유입되었다. 이 시대 여성은 금으로 만든 귀걸이와 목걸이를 했고, 팔뚝과 팔목은 물론 발목과 발가락까지 다양한 장신구로 치장했다. 이보다 100년 늦게 세워져 통일을 이루고 번영을 누려 문화가 융성해진 굽타 시대(320~600년대)의 여인도 금과 보석으로 장식한 우아한 차림이었다. 굽타 여성은 머리를 장식하고 귀걸이를 했으며 팔에서 발가락에 이르기까지 온몸을 꾸미는 등 미의 전통을 이어갔다.

아름다운 장신구가 가장 발달한 건 세계적인 부국으로 명성이 높았던 무굴 시대였다. 지배자들이 제작을 후원하여 더욱 발전한 이 시대 장신구는 공예라기보다 예술이라고 부를 정도로 섬세하고 아름답다. 여인만 모여 사는 하렘Harem의 황실 여인이 남자를 매혹하기 위해 여러 방식으로 몸을 꾸민 덕분에 패션과 미용문화가 발전했다. 여인들은 옷감을 짜고 수를 놓았고, 장신구를 직접 디자인했다. 특히 바깥에 나다니지 못하고 몸을 드러내지 않기에 무굴 여성은 보이는 손과 발을 꾸미는 데 신경을 많이 썼다.

무굴 시대의 장신구는 다이아몬드와 보석이 박혀 있어 더욱 아름다웠다. 무굴의 영향을 받은 금 장신구가 미나카리Minakari와 쿤단Kundan이다. 쿤단은 금에 보석을 상감하는 방식이다. 서부 라자스탄에서 발전한 미나카리는 금에 초록과 적색의 에나멜을 칠한 아름다운 장신구다. 원래 보석으로 장신구를 만드는 건 남부지방 마두라이에서 시작되어 다른 지역으로 퍼졌다. 마두라이는 유서

가 깊은 미낙시 힌두 사원이 자리한 도시로 과거에는 왕국의 수도로 큰 번영을 누렸다.

인도에서는 보석을 신으로 여겼다. 왕의 장신구에 들어간 보석 가운데 가장 중요한 것은 신성한 신과 연결되고 우주를 상징하는 다이아몬드였다. 무굴 황제의 터번은 세계에서 가장 유명한 다이아몬드 코이누르Kohinoor로 장식했다. 인도 신화에 따르면, 코이누르를 가진 사람이 인도를 지배하게 마련이다. 18세기에 무굴 제국을 침공한 페르시아 황제는 코이누르를 얻기 위해 상호 존경의 표시로 터번을 교환하자고 제안했고, 코이누르도 주인이 바뀌어 페르시아로 넘어갔다. 운명의 다이아몬드는 다시 인도인의 손에 들어갔다가 결국 영국의 소유가 되었다.

힌두 사원에서 볼 수 있는 여인의 조각에는 거울을 보고 목욕하며, 머릿기름을 바르고 화장하는 모습이 많다. 카주라호와 코나르크 힌두 사원의 조각상에 멋을 부리는 여성의 모습이 많이 보이는 것은 미적 생활의 반영이었다. 4세기에 나온 책 《카마 수트라》에 언급된 미인의 조건에는 옷차림과 장신구, 화장과 청결이 들어갔다. 21세기인 오늘날에도 여성은 몸에 향수를 뿌리고 여러 장신구로 몸을 꾸미고 밖에 나간다. 이러한 미의 추구는 평범한 여성, 어여쁘지 않은 여성도 같은 방향이다.

옷차림과 장신구가 여성의 모습을 훨씬 아름답게 만든다고 믿은 인도에서 여성의 장신구는 삶의 중요한 통과의례마다 등장한다. 탄생과 이름 짓는 날, 성년식과 결혼식에도 새로운 장신구가 들어간다. 결혼할 때 신부에게 많은 패물을 선물하는 것도 이런 상징과 관련이 깊다. 예를 들면, 이름 짓는 날에는 아이 귀에 구멍을 뚫고 금으로 만든 귀걸이를 달아준다. 목걸이(망갈 수트라), 코 장식(나스Nath), 발가락에 끼는 가락지도 결혼한 여성만 하는 장신구다.

장신구는 부자의 전유물이 아니었다. 부자나 왕족은 더 많은 보석과 장신구를 했지만, 보통사람도 기본적인 것은 갖추고 만족해했다. 허나 인도에선 왕족이나 부자뿐 아니라 보통 인도인이 하는 장신구가 다 값비싼 진짜였다. 지금도 오히려 모조 장신구가 귀한 나라가 인도다. 19세기 말 영국의 기록을 보면, 인도의 부유층 여성은 대개 3킬로그램의 금 장신구를 몸에 지녔다. 학교에선 여학생들에게 금으로 만든 장신구를 상품으로 나눠주었다.

현대 문명에서 소외된 산악이나 사막지대의 부족민은 비싼 제품은 아니더라도 장신구를 많이 하는 전통을 주류 세상과 공유했다. 주로 뼈와 나무, 진흙과 조가비, 금속으로 만든 장신구를 사용했다. 서부 사막지대의 유목민은 반자라 부족처럼 은으로 만든 장신구를 많이 하는데, 은제품은 주로 돈이 넉넉하지 않은 하층민이 많이 하는 장신구다. 동부지방 산악지대의 부족민은 대나무, 가죽, 돌, 강철, 실, 유리 등 부족에 따라 다양한 장신구로 몸을 꾸몄다.

타르사막 부근의 라자스탄과 구자라트의 건조한 지대에 사는 부족 여인들은 과도하다는 생각이 들 정도로 온몸을 치장한다. 머리장식, 손으로 들어올려야 밥을 먹는 둥글고 긴 코걸이, 서너 개를 이어 단 귀걸이, 가슴까지 내려오는 온갖 목걸이, 손목에서 겨드랑이까지 수북한 팔찌, 허리에 두르는 장식, 둥근 발목에 하는 은장식 그리고 은발가락지까지 온몸을 빈틈없이 꾸민다. 장신구는 많아도 값나가는 제품이 드문 이 지방 여성의 아름다움은 황량한 모래벌판을 아름답게 장식한다.

장신구는 지역과 위상에 따라 달라지지만, 가장 사랑받는 장신구는 신성한 금으로 만든 것이다. 금이 부를 상징하기 때문이다. 요즘에는 다이아몬드가 인기를 끌지만 지난 수천 년간 인도인이 금을 사랑하는 마음은 변하지 않았다. 최고의 장신구는 세공하지 않은 루비를 금으로 감싸 만든 망고열매 모양의 목걸이로, 값이 만만치 않다. 오늘날에도 인도에서 소비되는 금의 70퍼센트가 장신구를 만드는 데 쓰일 정도다. 2008년 인도는 금 713톤을 수입했는데 그중 501톤이 장신구에 들어갔다.

인도인이 금 장신구를 애용한 것은 14세기 후반 인도를 침입하여 많은 걸 약탈해간 중앙아시아의 정복자 티무르Timur의 전리품에서 잘 드러난다. 그는 인도에서 금은 장신구, 은화와 금화, 수놓은 비단과 같은 재물을 약탈했다. 티무르의 〈비망록〉에는 인도에서 "엄청난 양의 루비와 다이아몬드, 진주와 여러 종류의 보석을 챙겼다"고 적혀 있다. 특히 "힌두 여성의 금은 장신구는 모든 것을 능가할 만큼 많은 양이었다"는 대목이 보인다. 인도 여성의 장신구 사랑이 정복자를 불러들인 셈이다.

인도 여성의 금에 대한 깊은 사랑은 고대부터 이어졌다. 고대 인더스에서 금으로 만든 팔찌가 나온 인도에서 금은 부의 여신 락슈미의 상징이자 완벽함과 영원불멸을 함축한다. 녹이 슬지 않아서 장신구를 만드는 데 최적인 것도 금이 인도인의 사랑을 받는 이유에 포함된다. 일찍이 그리스 기록에 보이는 금실로 수를 놓거나 금사를 넣어 짠 칸치푸람과 바라나시의 사리는 지금도 인도 여성이 선망하는 명품 중의 명품이다.

인도인은 보석도 좋아했다. 넓은 인도에는 에메랄드를 제외한 모든 보석이 생산된다. 자기 문화권에서 영웅으로 여겨지는 티무르가 인도를 침입할 계획을 세운 이유 중에는 보석 광산이 많다는 점이 들어갔다. 신이 흠 없는 다이아몬드에 머문다고 여기는 인도인은 다이아몬드를 좋아했다. 그들에게 여섯 가지 색의 다이아몬드 즉 녹색은 비슈누, 흰색은 바루나, 노란색은 인드라, 갈색은 아그니처럼 여섯 명의 힌두교 신을 의미한다.

인도인은 장신구가 상서로워서 행운을 가져오고 악을 막아준다고 여겼다. 몸에 어울리는 장신구는 악과 불길한 징후를 막을 수

라자스탄 귀족여성 세밀화, 20세기 조드푸르컬렉션

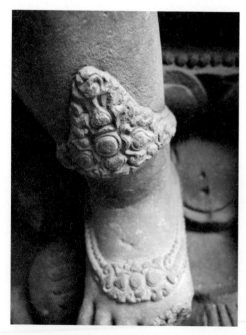

발목 장식

있다는 것이다. 여성이 남성에게 잘 보이거나 멋을 내기 위해서만 장신구를 한 것은 아니었다. 팔에 수북하게 차는 팔찌는 종일 물질하는 여인에게 물을 정화해준다는 믿음이 숨어 있다. 특히 임산부가 끼는 팔찌는 나쁜 기운으로부터 뱃속의 아이를 보호한다고 여겨졌다.

귀걸이를 신성하게 여긴 데는 목걸이와 함께 심장에 가까운 것에 착용하기 때문에 행운을 준다는 믿음에서 나왔다. 허리의 곡선미를 돋보이는 허리장식은 하의를 고정하는 역할을 했다. 배꼽 아래에 여러 겹의 구슬이 달린 줄을 늘어뜨려 소리를 내는 장식도 있었다. 칼리다사의 〈메가두타〉에 보면, 춤추는 소녀가 착용한 장신구에서 찰랑찰랑 소리가 난다. 시인들은 여성의 팔찌, 거들에 달린 작은 종, 발목을 감싼 장식에서 나는 소리가 사랑의 감정을 부추긴다고 노래했다. 오늘날 고전무용수의 발목에 찬 장신구는 동작할 때마다 경쾌한 소리를 내며 관객을 끌어들인다.

역동적인 여성의 모습을 아름답다고 여기는 인도에서 여성의 발걸음은 종종 공작의 움직임에 비유되었다. 공작의 걸음걸이를 연상시키는 발목에는 장신구로 아름답게 꾸몄다. 약시나 춤추는 여인상의 발목은 다양한 장신구로 꾸며져 있다. 발목의 장신구를 조절하는 모습의 여인상도 많은데, 발을 장식하는 여성의 모습이 신성하다고 여겼기 때문이다. 미의 포인트는 발목을 발찌와 다른 장신구로 꾸미는 것이다. 흥미로운 것은 실제 생활에선 모든 계층의 여인들이 발목 장신구를 즐겨했으나 여신의 모습에선 볼 수 없다는 점이다.

인도 여성을 아름답다고 여기는 사람들은 지금도 많다. 그러나 무굴 제국을 세운 바부르 황제나 근대에 인도를 지배한 영국의 통치자들은 "인도 여자들은 괜찮은 얼굴이 하나도 없다"라고 말했다. 아름다움은 보는 이에게 달렸기 때문이다.

머리에서 발끝까지 주렁주렁 매달고 알록달록하게 꾸민 인도 여성에게 매력을 느끼지 못하겠노라고 말하는 외국인 남성도 적지 않다. 근대 이전에 인도를 방문한 많은 외국인은 대개 수많은 장신구로 치장한 인도 여성을 경이롭게 여기는 기록을 남겼다. 그러나 근대 이후에는 사정이 달라졌다. 인도를 지배한 영국인이 장신구를 많이 하는 인도의 전통과 여성을 사정없이 비판했기 때문이다.

부유한 여성이 패물을 더 많이 했으나 가난한 여성도 타고난 아름다움을 보탤 수 있는 장신구를 좋아했다. 그래서 패물에 마음을 바꾸는 것을 여성의 본성으로 여기는 사람도 있다. 지역에 따라 편차가 있는데, 남부지방의 브라만들은 금 장신구를 선호하지만, 척박한 사막지대 서부지방의 부족민은 은으로 만든 장신구가 많다. 지금도 남부지방의 여성이 북부지방의 여성보다 패물을 더 많이 가지고 있고, 몸에 자주 지닌다.

　패물로 몸을 아름답게 꾸민 여성이 자신감을 갖는 점은 긍정적이다. 장신구는 사회생활을 하지 않는 옛날 여성이 비상시에 쓸 수 있는 수단이었다. 아버지가 시집가는 딸에게 미리 주는 일종의 유산이었던 것이다. 지금도 그 전통이 이어지고, 그래서 인도의 결혼예물은 상상을 초월하는 수준이다. 몇년 전 결혼한 인도 최고의 미인이자 영화배우인 아이슈와랴 라이는 전설적인 영화배우인 시아버지에게서 100킬로그램(약 2만 6700돈)의 금을 선물로 받았다. 비상시에 쓰려면 환금성이 높은 금으로 만든 패물이 최고다. 인도에서 금의 소비가 많은 이유 중 하나가 여기에 있다.

　인도에서 여성의 발걸음은 종종 공작의 움직임에 비유되었다. 공작의 걸음걸이를 연상시키는 발목에는 장신구로 아름답게 꾸몄다. 발가락에도 가락지를 끼거나 장식했다. 발은 가장 더러운 몸의 일부로 여겨지지만, 대지의 여신에게서 강한 기운을 받는 신체이기에 꾸미는 것이다. 발목을 감싼 장신구는 걸을 때마다 소리가 난다. 허나 금이 신성하고 락슈미 여신의 상징이기 때문에 발목이나 발가락에는 금으로 장식하지 않는 것이 원칙이다. 발뿐만 아니라 허리의 아래에는 거의 다 신성한 금이 아닌 은제품을 쓴다.

　역동적인 여성의 모습이 아름답다고 여기는 인도에선 여성의 각종 장신구가 움직일 때 더욱 돋보인다. 허나 인도 여성의 과도한 장신구와 지나친 치장은 때로 황당하게 보일 때도 있다. 인도 여성의 장신구를 한 마디로 평가할 수는 없다. 다만 원색이 들어간 화려한 치장과 각종 장신구가 고단한 일상에 아름다운 물감을 들이는 생존의 방식이자 삶에 애정을 담는 마음으로 볼 수도 있겠다.

이슬람
여성과
아름다움

힌두의 세계관에서 인도 여성의 이미지는 다산, 풍요, 결실과 관계가 깊다. 따라서 문학과 미술과 문화에서 드러나는 아름다운 미인은 이에 부합하는 여성이었다. 그렇다면 역사의 중간에 인도에 와서 권력을 잡은 이슬람은 여성의 미를 어떻게 보았을까? 이슬람 세력은 12세기 말 인도 북부를 정복한 뒤 영토의 많은 부분을 차지하고 지배계층의 위상을 유지했다. 오늘날 인도의 수도인 델리를 중심으로 약 6세기 동안 정권을 잡았다. 특히 16세기 중반에 들어선 무굴 제국은 부와 영화를 누리며 동시대 세계에서 가장 부유한 나라로 이름이 높았다.

융성한 문화를 자랑한 무굴 제국에서는 어떤 여성을 아름답게 여겼을까? 결론부터 말하면, 이슬람의 문학과 미술에서 드러나는 여성의 이미지는 기존의 전통과 크게 다르지 않았다. 여전히 여성을 창조적 존재 즉 자연과 문화의 창조자로 인정한 점이 그랬다.

무굴 제국과 동시대 힌두 라지푸트 왕국의 세밀화에서 보이는 여성은 고대 문학이나 사원에서 볼 수 있는 이상적인 아름다움의 이미지를 그대로 전승한 모습이다. 아름다움이 젊고 어여쁜 여성의 형태로 표현한 것도 같다.

무굴 시대의 여성은 이슬람의 전통을 따라 베일을 쓰고 옷을 제대로 갖춰 입었다. 그러나 장신구를 많이 하고 꾸미는 것은 본질적으로 힌두 여성과 비슷했다. 세밀화의 주인공은 대개 왕실이나 귀족 여인으로, 화가들이 직접 보고 그릴 순 없었을 것이다. 그렇지만 그들이 그린 그림 속 여인들은 다 아름답다. 여성의 몸을 이상화하는 이전의 전통에서 크게 벗어나지 않았다. 풍만한 몸이 드러나는 끝없이 투명에 가까운 옷차림과 화려하고 풍성한 장신구로 치장한 여인은 카주라호의 힌두 사원이나 고대 불교 사원에서 나온 미인처럼 매우 아름답다.

무굴 세밀화에서 드러나는 미인은 두툼한 넓적다리에서 아래로 갈수록 점점 가늘어지는 다리로 힌두의 미적 전통과 비슷한 모습이다. 세밀화의 여인은 성적 매력이 가득하다. 거울을 보거나 연인을 기다리는 모습, 술잔을 들거나 시집을 읽는 여인은 거의 다 젊고 몸의 윤곽을 드러내는 아름다운 모습으로, 카주라호 힌두 사원에 새겨진 여인들과 비슷하다. 무굴 여성의 옷은 속이 비치는 옷을 애용하면서 가벼워졌으나, 장신구와 치장은 무거워졌다.

베일을 쓴 여인, 이슬람의 영향으로 옷으로 몸을 가렸으나 미인의 기준은 달라지지 않았다.
무굴 시대 세밀화

자한기르 황제의 비 누르자한

이슬람 세력과 공존한 동시대 힌두 라지푸트 왕국에서 그려진 세밀화는 초기엔 종교적이고 고전적인 주제를 선호했으나 점차 무굴 세밀화처럼 궁중생활과 부유한 삶을 그렸다. 라지푸트 그림에 등장하는 상층 여인들의 모습은 무굴 세밀화의 여주인공처럼 아름답고 관능적인 모습이다. 특히 전성기를 누린 17세기 무굴 제국에서 그려진 세밀화와 여러 라지푸트 왕국의 세밀화에 등장하는 아름다운 여성은 다 비싼 의상과 고가의 장신구를 걸친 모습이다.

무굴 시대 왕실 여성이나 귀족 여인들은 이슬람의 전통을 따라 규방이나 하렘에 은둔하여 외부세계나 남성의 시선에게 모습을 드러내지 않았다. 무굴의 황실 여성 중에서 알려진 인물은 많지 않다. 타지마할을 건설한 샤자한 황제의 아내 뭄타즈와 자한기르 황제를 대신하여 제국을 사실상 다스린 황비 누르자한Nurjajan(세상의 빛), 아우랑제브의 딸인 자하나라 공주만이 세간에 이름이 오르내렸을 정도다. 남아 있는 세밀화에 드러나는 그들의 모습은 이전의 미적 전통을 따른 미인이라는 걸 보여준다.

이슬람 여성은 제국 초기부터 힌두 여성이 쓰는 장신구를 사용했고, 헤어스타일도 힌두 여성을 닮아갔다. 무굴 제국 자한기르 황제의 비 누르자한의 초상화에는 아름다운 머리장식과 진주목걸이 등 다양한 장신구와 보석이 보인다. 힌두 여성도 이슬람 스타일의 몸을 가리는 옷과 베일을 사용하고, 이슬람 여성처럼 규방에서 남성과 따로 살았다. 중세 이후에 나온 힌두의 조각상에는 이슬람 여성처럼 머리에 베일 쓴 모습이 많다. 아름다움의 추구에는 국경이 없고 종교도 없다는 걸 알 수 있다.

장신구가 가장 화려하게 장식된 시대가 바로 무굴 제국이 번성을 누리고 쇠퇴한 16~19세기였다. 경제적으로 부유한 무굴 제국에서 영국이 본격적으로 인도를 지배하기 이전인 이 시대에는 장신구의 종류가 많아지고 모양이 한층 화려해졌다. 장신구가 발달한 것은 지배자들이 제작을 후원하였기 때문인데, 여성뿐만 아니라 남성도 장신구를 즐겼다. 남아 있는 세밀화를 보면, 황제와 귀족, 힌두 상층 남성도 비싼 보석이 들어간 각종 장신구로 화려하게 치장했다.

필요는 발명의 어머니라는 말은 이 점에서 옳았다. 바깥에 나다니지 않고 몸을 드러내지 않은 무굴 여성은 남자를 매혹하기 위해 여러 방식으로 몸을 꾸몄고, 그래서 패션과 미용문화가 발전했다. 여성이 장신구를 사용하는 빈도와 규모도 훨씬 늘어났다. 여행가의 기록을 보면, 무굴 여성은 날마다 옷을 갈아입고 같은 옷을 두 번 다시 입지 않았다. 이런 분위기의 무굴 시대에 발전한 각종 장신구는 공예라기보다 예술이라고 부를 정도로 섬세하고 아름답다.

나라 밖에서 온 무굴의 영향이 더해져 금 장신구에는 다이아몬드와 보석이 들어갔다. 보석이 상감된 금은 목걸이, 5~6겹으로 된 금 목걸이, 아래로 길게 늘어진 진주 목걸이가 인기였다. 금에 진주를 여러 개 박은 귀걸이와 목걸이, 어깨까지 내려오는 긴 귀걸이도 유행이었다. 팔에 장식이 없다면 불운하다고 여긴 여인들은 팔목에 보석이 여러 개 들어간 넓적한 장식을 착용했다.

이슬람의 영향을 받은 대표적인 장신구는 코 장식이다. 앞에서 언급한, 19세기에 인도를 여행한 영국 여성 파크스는 장신구로 중무장한 아름다운 인도 왕국의 공주와 왕비를 많이 만난 기록을 남겼다. 그는 특히 결혼한 여성의 코 장식을 주목했는데, 아마도 그의 눈에 이국적으로 보였기 때문일 것이다. 그뿐만 아니라 많은 외국인이 코에 금으로 만든 장신구를 하는 신부의 미용법을 경이롭게 여겼다.

고대 북부지방의 산스크리트 문학이나 남부지방 상감 시대의 문학에는 코를 장식하는 법에 대한 언급이 없고, 코를 장식한 조각상도 남아 있지 않다. 오늘날 이런 미적 관행이 중동지방에서 인기인 걸 보면, 코를 아름답게 꾸미는 건 이슬람이 인도에 소개한 것으로 보인다. 코를 장식하여 아름답게 꾸미는 방식은 17세기에는 전국의 남녀에게 사랑받을 정도로 퍼졌다. 코 한쪽에 진주나 루비를 박은 금 장신구를 달거나 금으로 만든 큰 고리로 꾸미면 아름다움이 더해진다고 믿었다. 오늘날 코 장신구는 신부 화장과 장식에 필수고, 따라서 결혼한 여성의 상징이다. 이슬람의 영향이 적었던 남부지방의 여성은 지금도 코 장식을 좋아하지 않는다. 이슬람 여성은 신성한 금을 허리 아래에 사용하지 않는 힌두들과 달리 금으로 만든 발목 장신구를 썼다.

무굴 시대에 보석이 들어간 장신구가 애용되었으나 그들이 오기 전에도 보석이 패물로 많이 쓰였던 것은 분명하다. 중앙아시아 출신으로 인도의 북부를 정복하고 무굴 제국을 세운 바부르가 국가 건설을 마무리한 뒤에 고향 아프가니스탄에 남아 있는 가족에게 보낸 보석과 장신구에서 유추할 수 있다. 바부르는 여섯 아내마다 금덩이 하나, 루비와 진주, 다이아몬드, 에메랄드, 황옥과 터키석 등 보석과 금화가 가득히 담긴 쟁반 두 점과 은화가 담긴 쟁반 한 점을 보냈다.

보석 이야기가 나왔으니 한 가지 재미있는 일화를 더 소개한다. 1936년 1월 왕위에 올랐으나 사랑을 위해 그해 12월에 왕위를 버린 영국의 에드워드 8세는 윈저 공으로 불렸다. 왕권을 버리고 선택한 아내 심슨 부인은 이후 파리의 사교계에서 인기였다. 어느 날 그는 아름다운 다이아몬드 목걸이를 걸고 파티에 참석했다. 모든 사람이 감탄했으나 유독 한 여인만 시큰둥한 표정이었다. 옆 사람이 그 부인에게 말을 붙였다.

"아름답지 않아요?"

"그건 그렇지요. 헌데요, 사실 저건 옛날에 내 발목에 달렸던 거랍니다."

여인은 인도 바로다 왕국의 왕비였다. 그 말이 금세 퍼졌고, 소식을 듣고 화가 난 심슨 부인은 목걸이를 보석상에게 물렸다. 바로다 왕국처럼 영국이 인도를 지배할 때 간접 통치를 허락받은 크고 작은 500여 왕국이 있었고, 그 지배자들이 보석과 장신구를 아끼고 사랑했다. 파티알라 왕의 1800캐럿짜리 에메랄드와 234캐럿짜리 다이아몬드, 184캐럿짜리 자콥 다이아몬드는 유명한 보석이었다. 인도르 왕이 가졌던 다이아몬드 귀걸이는 나중에 크리스티경매에서 268만 달러에 팔렸다.

부와 번영을 누린 17세기 무굴 시대에 비싼 보석과 화려한 장신구를 팔던 유명한 거리는 무굴 왕궁 앞에 있는 '다르바 칼란Dariba Kalan(그 어떤 것과도 비교할 수 없는 진주라는 뜻)'이었다. 타지마할을 세우고 보석을 들여다보는 일이 취미인 샤자한 시대에 가장 성시를 누린 다르바 칼란은 루비, 진주와 같은 보석 특히 왕실이 맡긴 보석이 팔리던 아름다운 거리였다. 21세기인 지금도 보석상이 죽 늘어서 있고, 아시아 최대의 패물시장으로 명성을 잇고 있다. 오늘도 결혼을 앞둔 많은 여인과 부모들이 좁은 골목에서 패물을 고르는 걸 볼 수 있다.

인도인이 추구하는 미는 외국인의 눈을 통해 상대적 특성이 잘 드러난다. 1600년대 초반 인도에 거주한 영국의 동인도회사 직원은 은으로 만든 목걸이와 금과 보석이 박힌 코 장식, 발가락의 금가락지, 허리에 장신구를 꾸미고 춤추는 여인에 대한 기록을 남겼다. 이보다 조금 앞서 이슬람이 다스리는 인도를 여행한 이슬람 여행가 이븐 바투타는 한 왕자의 옷차림에 보석이 너무 많이 달려서 옷의 본래 색깔을 알 수 없다고 적었다. 장신구와 장식을 좋아하는 전통이 오랫동안 이어졌음을 보여준다.

무굴 제국에서 거주한 이태리인 마누치는 인도 여성이 모두 머리를 길게 기르고 귀걸이를 한 모습을 적고는 부와 위상에 따라 장신구도 다르다고 파악했다. 그도 다른 여행자처럼 허리까지 길게 늘어지는 에메랄드를 단 진주 목걸이, 팔찌와 반지, 진주와 에메랄드가 박힌 코 장식, 금과 보석으로 만든 발목 장신구, 발가락의 금가락지를 언급했다. 궁중 여인의 섬세한 옷과 장신구에 대해서도 기록을 남긴 마누치는 진주와 다이아몬드로 몸을 뒤덮은 인도인이 동화의 나라에 사는 사람들로 보인다는 소감을 덧붙였다.

1800년대 남편을 따라 인도에 머문 영국 여성도 인도 여성이 지닌 엄청난 양의 장신구를 보고 경이로워하는 기록을 남겼다. 그들은 특히 인도 왕실 여인들이 가진 순금 팔찌와 목걸이에 경탄했다. 에밀리 에덴Emily Eden은 비단과 모슬린과 같은 비싼 옷감을 걸친 인도 여성이 못생겼다고 적었으나, 많은 장신구를 보고는 압

도당하는 느낌이라고 고백했다. 1889년 카슈미르 지방의 귀족여인을 만난 한 영국인도 순금으로 만든 반지와 팔찌, 목걸이, 발목과 발가락을 덮은 금 장신구, 머리 장식에 달린 비싼 보석 등 온몸을 감싼 장신구를 경이로워했다.

보이지 않는 향기도 아름다움의 요소였다. 인도인은 옛날부터 모든 향이 신성하다고 여겼고, 향을 쓰는 관행이 기원전 1500년에도 있었던 것으로 보인다. 주로 꽃으로 만든 향을 선호했는데, 여성의 몸에서 나는 향이 가장 향기롭다고 여겼다. 고대 문학에는 치명적인 아름다움과 냄새를 맡을 수 없을 정도로 아름다운 향기를 가진 꽃에 비유된 미인의 모습이 많다. 향기가 성적 기능을 높이거나 남성을 유혹하는 데 효과적이라고 여긴 여성은 옷, 귀, 손바닥에 향수를 뿌렸다.

사회적으로 격리되어 그들끼리 거주한 무굴 시대의 이슬람 여성들이 특히 향수를 좋아했다. 무굴 제국의 황제 아크바르의 신하인 아브파즐이 적은, 몸을 꾸미는 16가지에는 향수와 향유가 포함되었다. 무굴의 왕실 여인은 매달 일정한 돈을 받아서 옷, 화장품, 보석, 장신구를 사서 치장했고, 특히 향수를 많이 썼다. 몸이나 옷에 향수를 바르고, 머리에도 머릿기름과 향수를 뿌렸다. 남자를 잡아끄는 데는 향수만한 것이 없었던 모양이다.

외국인은 잘 보이지 않는 무굴 시대 하렘의 여인들을 성적 이미지로 채색했다. 젊고 아름다운 여인들이 한 사람, 즉 황제의 사랑과 쾌락을 위해 갇혀 사는 듯이 묘사했다. 그러나 여성은 예쁘게 몸단장하고 황제의 총애를 기다리지만은 않았다. 관련 연구를 보면, 그들은 세상과 왕실의 문제를 알았고, 그 중심에 선 여성이 있었다. 다만 분명한 것은 힌두 문화와 이슬람 문화가 만나서 패션과 미용법이 다양하면서도 풍성해진 것은 부인할 수 없다.

잠자리 날개
같은
옷

'옷이 날개'라는 말처럼 지금도 아름다움의 대부분은 옷차림에서 나온다. 인도 여성의 아름다움도 전통 복장인 여성미를 풍기는 사리Sari에서 나온다. 지금도 인도에서 사랑받는 여성의 옷은 대개 전통 복장이다. 1990년대 말 지금도 활동하는 어떤 유명한 여성 정치인이 부정부패 혐의로 가택수색을 받았는데, 그의 집에서 다이아몬드가 박힌 시계 96점, 다이아몬드가 박힌 금팔찌 400점, 외제 구두 350켤레가 나왔다. 이 목록에 빠지지 않고 들어가는 것이 바로 사리인데 압수 목록에 들어간 전직 여배우인 그 정치인의 고급 사리는 1만 벌이 넘었다.

흥미로운 것은 근대 이전까지 인도의 미인이 옷 입는 걸 좋아하지 않았다는 점이다. 앞에서 누드를 언급할 때 나왔듯이 조각상이나 그림과 같은 시각예술에서 드러나는 아름다운 여인은 대개 누드와 반 누드의 차림으로 몸을 가리는 옷을 좋아하지 않았다. 〈리그베다)에 등장하는 무용수는 간신히 가슴을 가리는 정도의 옷을 입었다. 상의를 입는 대신 각종 장신구로 몸을 치장했고, 하의는 몸의 곡선이 드러나는 얇은 옷감으로 감쌌다. 그것이 아름다운 차림이었다.

미적 이상형만이 아니라 실제 인도 여성도 옷을 적게 입었고, 그 사이를 여러 가지 아름다운 장신구로 꾸몄던 모양이다. 오늘날에도 가슴과 배꼽을 보이거나 맨 허리를 드러내는 옷차림이 망측한 일로 여겨지지 않는 곳이 인도다. 실제 남부지방의 여성은 1950년대까지도 상의를 입지 않고 허리에 간단한 헝겊만 둘렀다. 가슴을 가리지 않을 때가 더 아름답다는 남성의 응답이 있지만, 상의를 입지 않은 여성을 선정적이라거나 음란하게 여기지 않는 분위기였다.

2009년 델리의 한 영자신문은 고급차와 명품을 사는 등 과시욕구가 강한 한국인을 펀자브 사람(펀자비Punjabi)과 같다고 보도했다. 한국인을 부정적으로 묘사한 기사에는 역동적이고 과시적이며 물질적 욕망이 강한 펀자브 사람들에 대한 폄훼와 질투가 들어있다. 오늘날 요란하게 장신구를 달고 가슴이나 등을 깊게 판 블라우스를 입은 여인들은 대개 '돈은 있지만 문화가 없다'고 비판받는 펀자브 여성이기 때문이다. 허나 이들의 차림이 전통과 더 가깝다는 건 아이러니다.

무슬림 여행가 이븐 바투타의 여행기에는 당시 이슬람 술탄의 여동생이 결혼하는 것을 묘사한 대목이 나온다. 그는 신랑에게 주는 신부 측 선물에는 남색 비단옷이 들어 있는데, 보석이 너무 많이 달려 옷의 본래 색이 무엇인지 알 수 없을 정도라고 적었다. 그렇게 화려한 의상을 한번도 본 적이 없다고 기록한 그는 인도인이 바느질하지 않은 천을 몸에 둘러 입는 점에 주목했다. 이븐 바투타가 본 옷차림은 고대에도 있었다.

오늘날 인도 여성이 사랑하는 사리처럼 옷감 한 장을 걸치는 옷차림은 인더스 문명에서도 엿보인다. 인더스 시대를 이은 베다 시대와 불교가 탄생한 뒤에도 비슷한 옷차림이 사랑받았다. 여성의 몸을 단속하는 이슬람의 영향으로 인도 여성의 옷차림에도 큰 변화가 생겼으나 바느질을 하지 않고 얇은 옷감을 몸에 둘러 아래로 늘어트리는 복장은 지금까지 이어진다. 날이 선선할 때 우리나라에서도 일부 여성이 사용하는 숄도 인도가 세계에 준 한 장의 옷감으로 된 복장이다.

사실 인도가 고대부터 수출한 대표적 상품은 옷감이었다. 기원전 1000년 무렵에 나온 〈베다〉에 밤낮으로 옷감을 짜는 자매의 이야기가 등장할 정도다. 동방원정의 하나로 인도 변경에 도달한 그리스의 알렉산더도 아름다운 무늬가 든 인도의 사리를 보았다. 손으로 짠 다양한 인도의 직물은 지난 1000여 년간 로마 등 다른 세계에서 욕망의 대상이 된 인도 상품이었다. 유럽에서 인기가 높은 모슬린과 칼리코스, 사라사 무명은 다 인도의 특산물이었다. 유명한 직물의 이름에는 인도의 산지와 수출하는 항구의 이름이 붙었다. 비단에 수를 놓거나 비단실과 은사로 짠 옷감, 그림을 그리거나 판화를 찍은 직물 인도의 직물은 종류도 150가지가 넘었다.

인도의 수도 델리에서 멀지 않은 힌두 성지이자 불교 유적지 마투라에서 나온 조각상을 보자. 19~20세기에 발견된 쿠샨 시대의 걸작으로, 불교가 지배적인 시대에 여인의 아름다운 모습을 잘 보여준다. 탄탄한 복부 아래에 걸친 거들을 닮은 옷은 옷이 아니라 마치 하나의 장식처럼 보인다. 서구 전통의 산물인 밀로의 〈비너스〉와 보티첼리가 그린 〈비너스〉가 양손으로 가슴과 아랫부분을 가린 모습인 것은 여성의 몸을 다 드러내는 걸 꺼리던 문화의 소산으로 보인다. 그러나 인도에서는 옷을 적게 입거나 누드가 금기 사항이 아니었다.

서울 국립중앙박물관의 인도동남아실에서도 누운 자세의 돌로 만든 인도 여인상을 볼 수 있다. 힌두 신의 아내일 것으로 추정되는 풍만한 몸을 가진 여인은 얇아서 마치 스타킹처럼 몸에 감기는 무늬가 든 하의를 입었다. 옷은 부족해도 장신구는 풍성하다. 허리에는 밴드를 했고, 귀걸이와 여러 팔찌로 멋을 냈다. 같은 곳에 전시된 라자스탄에서 발견된 부조도 상의는 없고, 얇은 모슬린 천

마투라에서 나온 쿠산 시대의 약시. 누드가 아름다움을 잘 보여준다

으로 만든 무늬의 하의만 입은 모습인데 역시 장신구는 많다.

옷차림은 대체로 고대의 전통이 이어졌으나 그 안에서 변화가 적지 않았다. 남아 있는 여인상을 보면, 무릎까지 내려오는 페르시아식 윗옷이나 발목까지 내려오는 타타르식 윗옷을 입었다. 짧은 머리와 짧은 블라우스, 상의를 입은 여성의 옷차림은 외국의 영향을 받았다. 고대 힌두 문화의 전성기인 굽타 시대에는 역설적이게도 외국의 영향이 많았고, 그 덕분에 옷차림이 다양했다. 투명한 모슬린 천에 색을 입힌 옷이 인기였고, 가장자리를 금박으로 장식하거나 금사와 은사를 넣어 짠 바라나시의 실크 사리도 몸의 아름다움을 더해 주었다.

이슬람 시대가 시작되면서 여성이 몸을 드러내기보다 가리는 문화가 생겨났으나 그 옷도 몸을 훤히 드러내 보이는 것이 인기였다. 15세기 인도를 여행한 한 서구인은 인도의 모든 사람이 벌거벗었다고 적었다. 여성이 가슴을 드러낸다고도 기록했다. 1600년대 후반 무굴 제국을 방문한 유럽인도 노출이 심한 여성의 모습이 선정적이고 음탕하다고 적었다. 몸을 감추면서도 드러내는 인도 여성의 옷차림이 다른 세계에서 온 사람에게 충격이었던 모양이다.

인도에는 고대부터 누드와 반 누드 차림에 어울리는 잠자리 날개와 같은 특산물이 있었다. 목에서 발까지 내려온 부드러운 옷

감, 선정적인 인도 여성의 이미지를 강화한 옷감이 바로 모슬린이
었다. 로마사가 플리니우스는 주나juna라는 이름의 인도산 모슬린
을 언급했다. 최상품의 모슬린은 '아침 이슬', '저녁 이슬', '흐르는
물', '왕을 위한 모슬린'과 같은 낭만적인 이름이 붙었는데, 풀밭에
펼쳐놓은 모슬린이 이슬에 젖으면 천의 모습은 보이지 않고 풀잎
만 선명하게 드러났다고 한다. 거즈와 비슷한 얇고 투명한 모슬린
은 중세를 거쳐 무굴 시대에도 인기를 누렸다.

특히 무굴 귀족이 애용한 옷감은 공기
를 엮어서 짰다는 소리를 들을 정도로 얇
고 가벼운 모슬린이었다. 기록과 그림에
서 볼 수 있는 섬세한 모슬린이 무굴 제
국에서는 귀족을 위한 특별한 옷감이었
던 모양이다. 가벼워서 한 벌의 무게가
30그램이 채 되지 않았다는 기록이 있
다. 여행가 베르니에는 무굴 여성이
미를 위해 금, 공단, 실크 등 다양한
옷감을 좋아하고 자수를 놓은 옷도
애용한다고 적었다. 속이 비치는 모
슬린은 무굴 세밀화에서 잘 드러난다.
빨면 빨수록 더 좋아진다는 가장 좋은

속이 훤히 보이는
잠자리 날개 같은 옷.
5~6세기 여인상으로 추정한다

다카의 모슬린은 솜 450그램으로 실 400킬로미터를 뽑아 만든 새털처럼 가벼운 직물이었다.

모슬린의 우수함은 무굴 황제 아우랑제브의 일화에서도 엿보인다. 어느 날 황제가 속이 훤히 보이는 옷을 입은 딸을 나무라자 어린 공주는 퉁명스럽게 이렇게 대꾸했다.

"일곱 겹이나 두른 거예요."

1875년 영국의 웨일스 왕자가 벵골지방을 방문했을 때 선물로 받은 모슬린은 1마(91센티미터)의 무게가 겨우 10그램에 불과했다. 무굴 제국을 지나간 마누치는 특히 두파타Dupatta라고 불리는 몸에 두르는 긴 옷감에 대해 적었다. 모슬린으로 만든 옷감인데, 옷감이 투명해서 몸의 형태만 가린다고 썼다. 그는 부드럽고 구름과 같은 그 옷이 아름다운 사람을 더욱 아름답게 만든다고 적었다. 그 얇은 옷감의 너머로 여성의 장신구와 보석이 더욱 반짝였다고도 기록했다. 마누치는 반지 구멍으로 빼낼 수 있을 정도로 얇고 섬세한 왕실 여인의 겨울 옷감도 언급했다.

근대 영국인도 몸이 다 비치는 옷을 입은 인도 여성을 보고 놀랐다. 그들은 대다수 여성이 모슬린 사리를 입고, 투명하고 얇은 그 옷이 속옷을 입지 않은 여인의 몸매를 그대로 노출한다고 불쾌감을 토로했다. 여성은 속이 비치는 모슬린 사리에 장신구만 걸쳤다. 속옷을 입지 않고 몸에 여러 겹 감아서 입는 사리는 더운 기후에 어울리는 옷차림이지만 외국인의 눈엔 받아들이기 쉽지 않았다. 영국인은 인도 여성에게 투명하지 않은 사리를 입으라고 권유했다.

영국이 오고 선정적이고 음란하다고 비판하면서 몸의 곡선미를 있는 대로 보여주는 투명한 옷감은 뒤로 물러났다. 음란하지 않은 여성, 정결하고 신성한 여성이라는 걸 보여주기 위해 19~20세기에 그려진 라비 바르마Ravi Varma(1848~1906)와 같은 민족화가의 그림에 등장하는 인도 여성은 옷을 잘 차려 입고 몸을 가린 조신한 여성이다. 상의와 하의를 다 입은 여성이 바람직한 힌두 여성이자 전통적인 미인이 되면서 누드의 여신을 그리는 전통은 사라졌다. 앞에서 언급한, 누드 여신을 그렸다고 화가 후세인을 비판한 미인의 전통은 실은 이렇게 19세기에 만들어진 전통이었다.

오늘날 인도 여성의 옷차림도 변화가 일었다. 이슬람 스타일의 옷차림과 미니스커트와 하의 실종에 가까운 옷차림, 몸매를 드러내는 꼭 끼는 블루진과 같은 젊은이의 서구 복장도 생겼다. 사리도 변형이 많다. 소매가 없고 가슴과 등을 깊이 판 블라우스는 편자브 지방 등 북부지방의 결혼식에서 세련되고 멋을 내는 여성이 입는 차림이다. 차림은 달라도 아름답다고 여겨지는 옷차림은 옛날과 비슷하다. 인도 소녀들은 화장하는 나이를 기다리듯 아름다운 사리를 입을 수 있는 성인이 되길 열망한다.

사리는 여성의 곡선미를 돋보이게 한다. 특히 엉덩이를 크게 보이는 효과가 있다. 힌디 영화에선 물에 빠져 몸이 드러나는 사리를 입은 여성이 유혹자로 등장한다. 물론 마더 테레사Mother Teresa(1910~1997)의 목면 사리는 여성성을 드러내기보다 신성한 느낌을 준다. 출가한 여성이나 무슬림 여성도 사리를 입고, 기독교 여성이나 다른 종교를 믿는 여성도 사리를 선호한다. 부유한 여인이나 가난한 여인, 젊은 여인이나 나이든 여인도 사리를 입는다. 입는 방식에 따라 지역과 위상, 종교 차이는 있으나 바느질하지 않은 천을 몸에 감는 방식을 선호하는 의복에 대한 미감은 크게 변하지 않았다. 인도에서 아름다움의 기준은 생명이 길다.

1800년대 후반 서부지방 여인

미와
정치

인간은
사랑이라고 여기는 걸
신은
불륜이라고 부른다

4

여성은
여전히
미의 대상

미인은 어디에서나 비슷한 평을 받는다. 우리나라 미인이 미국에서 못생겼다는 평을 받지 않고, 영국에서 아름답다고 불리는 여배우가 중국에서 추녀로 여겨지지도 않는다. 그런데도 여성을 아름답다고 여기는 기준은 문화에 따라 다르다. 16세기 중앙아시아에서 인도에 침입하여 무굴 제국을 세운 바부르Babur 황제는 인도 여성이 못생겼다고 적었으나 나중에 무굴 제국을 여행한 한 프랑스인은 델리의 여성이 잘생겼다고 기록했다. 아름다움은 보는 자에 따라 다르다. 즉 주관적이다.

이상적인 여성의 미는 남성의 기준이 지배했다. 앞에서 본 것처럼, 인도 사회에서 여인의 아름다움이란 가부장적 종교와 사회를 지속가능하게 만든 하나의 수단이었다. 힌두교는 여성이 몸을 아름답게 꾸며서 남편과 시댁의 사랑을 받도록 장신구와 꾸미는 방식까지 정해 주었다. 남성도 아름다운 여성의 몸과 바람직한 행동거지를 규정했다. 그리하여 이상적인 미인이 결혼한 여성이 되었다. 이상형은 아이를 잘 낳는 여성, 특히 아들을 낳는 여성이 최고였다.

근대 이전의 모든 여성은 남편과 아이를 돌보고 집안의 천사로 살아간다는 성의 역할 구분을 받아들였다. 인도 여성도 몸을 잘 기르고 아름답게 보이게 가꿔 남편에게 사랑받고 좋은 어머니가 되는 것이 의무이자 책임이었다. 그들의 또 다른 사회적 역할은 아름답게 꾸미고 장식하여 유혹자로서 매력을 갖는 것이다. 여성은 이를 내면화하여 어렸을 때부터 자신의 몸을 아름답게 꾸며야 사랑받는다고 배웠다. 그렇게 여성은 스스로 남성의 대상화가 되었다.

근대 이후에는 여성의 몸과 미를 대상화하는 다른 수단이 나타났다. 인도 여성의 아름다움이 가부장적 권위가 바탕인 영국의 식민주의와 거기에 맞서는 인도 민족주의의 담론에 주요한 테마가 된 것이다. 그것은 여성에게 또 다른 억압이었다. 식민주의와 민족주의의 주체가 남성이었기 때문이다. 그들은 권력을 지키거나 전복하기 위해 인도 여성의 아름다움을 무기로 삼은 공범이었다.

오늘날 아름다움은 가부장제나 지배 권력과의 연계, 소수만 누리던 아름다움에서 민주적인 형태로 이동했다. 이제 인도의 특수한 아름다움보다 세계 보편적인 아름다움을 선호하는 분위기가

거리에서 만난 가무잡잡한 남부 여인. 그들도 흰 피부를 선망한다

생겨나면서 인도 남성이 바라는 가부장적 체제를 유지하기 위한 아름다움을 강요하기 어려워졌다. 가부장적인 규제는 줄었으나 소비주의와 미디어의 영향으로 오늘날에도 여성은 여전히 미의 대상에서 벗어나지 못하고 있다.

백설
공주의
피부

아름답다는 말은 최고의 칭찬이다. 이 말을 듣고 기분 나빠하는 사람은 없다. 심지어 외모로 승부하지 않는 남자도 아름답다는 말을 들으면 좋아한다. 아름다운 것은 좋은 것이고, 좋은 것은 아름다운 것이라고 여기기 때문이다. 콩쥐와 신데렐라처럼 동화에 나오는 착한 사람들은 다 예쁘지만, 팥쥐와 신데렐라의 언니와 같은 나쁜 사람들은 못생겼다. 예쁜 것은 좋고 편안하고 위험하지 않으며, 이와 반대로 못생긴 것은 나쁘고 위험하다는 의미가 대를 이어 전해졌다.

흰 피부도 비슷하다. 흰 피부는 아름답고 검은 피부는 아름답지 않다고 여긴다. 흰 피부를 가진 사람은 착하지만, 검은 피부를 가진 사람은 위험하다고 생각한다. 그래서 여성의 아름다움은 흰 피부에서 나온다. 오늘날 콜라보다 미백크림이 더 팔리는 인도에서 백인의 피부는 선망의 대상이다. 인도 문화에 자긍심을 가진 여성도 백설공주의 피부에 콤플렉스를 드러낸다.

　세계 7위의 영토 대국 인도에는 다양한 인종과 문화가 공존한다. 지구촌이라는 말처럼 세계가 하나가 되어가는 오늘날에도 인도의 공식어는 22개나 될 정도로 다양하고 복잡하다. 이런 인도에서 아름다움의 기준이 획일적이고 표준적이 되어가는 건 아이러니다. 그 중심에 흰 피부가 있다. 백옥 같은 피부, 백설공주의 외모를 과도하게 강조하여 미백 산업이 나날이 번창하는 이면에는 갈색 피부를 가진 다수 여성이 있다. 그들이 받는 스트레스도 나날이 커진다.

　하얀 얼굴이 아름답다!

　고대부터 아름다운 여성의 조건에는 하얀 피부가 들어갔다. 대개 문화권에서 다 그렇듯이 힌두 경전이나 민화, 서사시와 설화에서 검은 피부는 나쁜 사람으로 여겨진다. 반면에 흰 피부는 주인공이나 좋은 사람으로 등장하여 검은 피부를 가진 사람보다 우위에 있다. 문헌에 나오는 이상적인 여인은 실제로는 존재할 수 없는 달덩이와 같은 얼굴이었다. 희고 빛나는 얼굴과 창백한 모습을 가진 달의 특성이 미인의 모습이었다.

　창조의 신 브라마가 만들었다는 태초의 여인을 보자. 여인의 가슴은 보름달처럼 둥글고, 눈은 사슴의 눈빛이며, 피부는 봄의 새싹처럼 연하다. 연하다는 것은 희고 앳됨 즉 젊다는 표현이다. 새벽의 여신이자 여명의 여신인 우샤도 빛에 비유되는 환한 얼굴의 젊은 미인이다. 새벽의 빛이 아름답게 빛나기 때문이다. 오늘날 물광 피부라는 말이 유행인 우리나라에서도 아름다운 얼굴은 빛이 나는 얼굴, 백옥과 같은 얼굴이다.

3000년 전 베다 문학에 나오는 아름다운 여신은 다 흰 피부를 가졌다. 지혜의 여신 사라스와티는 흰 피부를 가진 재색이 겸비된 여신으로, 흰 옷을 입고 흰 연꽃 위에 앉아 있는 단정한 모습이다. 미의 여신 락슈미도 흰 피부에 팔 넷을 가진 부의 여신이다. 고대의 한 시인은 파르바티 여신의 얼굴이 달덩이처럼 둥글고 빛나는 피부를 가졌다고 노래했다. 어두운 밤에 빛을 내는 달과 보름달은 빛나는 피부 즉 흰 피부를 은유했다.

흰 피부는 오점이 없는 순수와 정결의 상태로 여겨졌다. 그런 점에서 흰 피부를 가진 여성을 아름답다고 여겼다. 앞에서 언급했듯이 인도의 대표적 미인 시타의 이름은 '하얗다'는 의미의 '시트'에서 나왔다. 달 같은 미모의 시타를 아름다움과 정절, 자기희생과 헌신의 전형으로 여기는데, 흰 피부가 아름다움의 바탕이다. 달 같은 피부색을 가졌다고 묘사된 시타의 아름다움은 달의 아름다움을 뛰어넘는 것으로 표현된다.

검은 얼굴의 브라만과 흰 피부의 불가촉천민을 경계하라.

인도에 전해지는 속담이다. 겉과 속이 다른 자를 조심하라는 이 속담은 브라만이 흰 피부, 낮은 계층이 검은 피부를 가졌다는 사실이 전제다. 3000년이 넘은 〈리그베다〉에는 하얀 피부색을 가진 아리아인 정복자와 구별되는, 피부가 검고 '코가 없는' 피정복자들이 언급되었다. 인도인이 멜라닌 색소가 빠진 피부를 좋아하는 건 이처럼 역사가 오래되었다.

피부색에 대한 편견은 고대 카스트의 관점에서 드러난다. 옛날 카스트를 나타내는 이마의 표식은 브라만이 흰색, 낮은 계층 수드라가 검은색이었다. 인도는 카스트를 '바르나Varna'라고 부르는데 이는 원래 '색色'을 뜻하고 피부색을 가리키는 말이었다. 뭉뚱그리면, 드라비다어를 쓰는 남부지방 사람의 피부가 검고, 인도유럽어를 사용하는 북부지방 사람이 더 옅은 피부를 가졌다. 오늘날 노예나 하인을 지칭하는 '다사Dasa'는 처음엔 '적(enemy)', 나중엔 '검다'는 뜻을 가진 단어로 흰 피부의 정복자에게 노예가 된 피정복자의 피부색을 가리켰다. 카스트의 상층을 차지한 소수 정복자의 흰 피부를 바람직하다고 여기고 선호하게 된 것은 당연한 귀결이었다.

이런 피부색에 대한 편견은 근대 영국이 지배하면서 한결 강화

되었다. 지배자 영국은 지배하는 백인은 우수한 인종이고, 지배받는 유색인 인도인은 열등하다는 주장을 퍼뜨렸다. 사회진화론에 입각하여 '백색' 피부의 우수한 영국인이 '갈색' 피부의 열등한 인도인을 지배하고 가르쳐서 문명세계로 인도한다는 그들의 논리가 당연시되었다. 다음은 인도에 거주한 영국인의 글이다.

> 결혼한 영국인 부부는 편견이 가득해서 인도인과 그들에게 속한 모든 것을 증오했다.…… 아내가 인도인을 지칭하는 '냄새나는 검둥이들', '무례한 이교도 놈', '더러운 생물' 등은 남편이 말하는 '새카만 짐승', '새카만 벼룩'의 강한 메아리다. (백인)아이들도 이 노선을 따른다. 나는 다섯 살짜리 백인아이가 자기를 돌봐주는 인도인을 '새카만 짐승'이라고 부르는 걸 들었다.

고대 전통과 근대 식민 지배자의 이러한 인종차별적 이데올로기가 인도인의 심리에 깊이 새겨지면서 흰 피부에 대한 선망을 낳은 것이다. 검은 피부색은 인도인의 타고난 약점으로 간주되었다. 타고난 피부색이 어떻게 약점이겠는가? 그건 개인의 능력과 무관한 것이다. 그러나 인도에 거주하는 영국인은 인도인을 '검둥이'로 불렀다. 강건한 체격과 흰 피부를 가진 자신과 달리 '석탄과 같은' 피부를 가진 인도인을 차별하면서 그들과 거리를 두어야 백인의 순수성이 보호된다고 믿은 것이다. 한 영국 여성이 인도 여성을 묘사한 다음 인용문은 백인 지배자의 흰 피부가 이상형이 될 수밖에 없던 시대적 상황을 드러낸다.

> 아주 작고 아주 검다. 그녀가 가느다란 팔로 백인아이를 안은 채 낮은 의자나 바닥에 앉아 있는 모습은 마치 흰 모슬린 천으로 감싼 원숭이처럼 보인다.

인도에서 한동안 거주했고 1907년에 노벨문학상을 받은 키플링 Kipling(1865~1936)의 소설을 비롯하여 이 시대 영국에서 나온 인도에 관한 작품에는 백인 남성에게 정복되고 이용된 뒤 버려지는 아름다운 인도 여성이 많이 나온다. 검은 피부를 가진 여성의 끝은 늘 불구의 몸이 되거나 죽는 것이다. 19세기에는 영국 남성과 검은 피부의 인도 여성이 결합하여 낳은 아이들이 백인의 순수한 혈통을 더럽힌다고 여겼다. 식민지 시대 등장한 영문소설에는 영국 남성을 유혹하는 인도 여성만 나올 뿐, 인도 남성을 사랑하거나 인도 남성에게 성적으로 굴복하는 영국 여성은 보이지 않는다. 백인 여성은 남성을 유혹하는 인도 여성과 달리 인도 남성의 욕망에 동요하지 않는 성적으로 정숙한 여성으로 그려졌다. 성적으로 얌전한 여성이 아름답다는 신화는 이런 방식으로 이어졌고, 인도 여성은 다시 이 영국 여성을 닮으라는 압박을 받았다.

> 인간은 사랑이라고 여기는 걸
> 신은 불륜이라고 부른다.
> 기후가 무더운 곳에서는
> 더욱 더 그렇다.

이상과 현실은 늘 달랐다. 바이런의 시구처럼 무더운 인도에서도 영국 남자와 인도 여자 간에 사랑인지 불륜인지 알쏭달쏭한 모종의 관계가 생겨났다. 소설과 달리 영국인이 아름다운 인도 여성에게 자주 미혹된 것이다. 인도 여성과 영국 남성의 결합은 꽤 많았다. 고국에서 멀리 떨어진 낯선 땅에서 홀로 생활하는 영국인은 인도인 여성을 6~7명씩 아내로 두었고, 그들과 다 함께 모여 살면서 인도 여성의 문화에 동화되었다. 1800년대 초반 델리의 통감을 지낸 한 영국인은 저녁마다 인도인 아내 13명을 데리고 산책을 나갔다. 여인들이 각기 다른 코끼리에 올라타서 코끼리 14마리가 행진하는, 통감의 위풍당당한 저녁 산책이었다.

타국에서 생활하는 영국 남성은 인도 여성과 어울리거나 함께 살면서 향수를 달랬다. 영국 여성이 남아프리카의 희망봉을 돌아서 인도에 있는 영국인 신랑감을 찾아온 19세기 중반까지 영국 지배자는 인도인 아내들을 데리고 왕처럼 살았다. 그 덕분에 앵글로-인도인Anglo-Indian이라는 새로운 혼혈 집단이 생겼다. 그러나 백인과 유색인의 혼혈인 그들도 '검은 백인'이라고 불리며 완전 백인인 영국인으로부터 차별을 당했다. 고대에 시작된 피부색에 대한 신화가 이방의 지배를 받으면서도 강하게 이어졌다는 건 여기서도 드러난다.

오늘날 인도에서 미의 중요한 요소는 피부색이다. 검은 피부는 덜 매력적이며 열등한 것으로 인식된다. 흰 피부가 가장 중요한 미의 요소이고, 돈과 사회적 위상의 교환에 유리해지면서 흰 피부를 가져야 아름답다는 관점이 확산된다. 예전에 나온 한 조사는 부모가 딸뿐만 아니라 아들의 피부도 흰색을 고대하는 것으로 나왔다. 얼굴이 검은 아이를 가진 어머니는 아이를 남에게 보여주길 꺼린다. 나이가 젊고 많이 배운 사람일수록, 수입이 많은 사람일수록 흰 피부에 높은 점수를 준다. 낮은 계층은 여성이나 아이의 피부색에 신경을 별로 쓰지 않는다. 아마도 그럴 여유가 없을 것이다.

오늘날 인도에서 인기를 누리는 미백 화장품의 브랜드명은 1978년에 문을 연 '페어앤러블리fair and lovely'다. 흰 피부가 사랑스럽다는 메시지를 브랜드의 이름을 통해서 널리 전파했다. 영어인 '페어fair'에는 '공정한', '아름다운', '밝은', '좋은'이라는 뜻이

들어 있어서 밝은 얼굴, 흰 피부를 가진 여성이 아름답고 사랑스럽다는 의미를 심어준다. 그 여파로 오늘날 인도에서 미백크림은 콜라보다 더 팔리는 인기상품이 되었다.

유럽의 동화처럼 흰 피부를 가진 여성이 좋은 남편을 만나서 잘 산다는 해피엔딩의 신화도 강해진다. 중매가 태반인 인도의 결혼시장에서는 흰 피부의 여인이 상대적으로 유리하다. 주말에 신문과 주간지를 가득 채우는 결혼시장의 광고에서도 흰 피부의 여성이 우대받는다. 흰 피부를 가진 신붓감은 아름답게 여겨지고, 그래서 결혼 지참금을 덜 내는 특별대우를 받는다.

피부가 하얄수록 미인이라는 인식이 늘면서 인도 남성도 미백크림을 사용한다. 게다가 마르지 않으면 게으른 사람으로 여겨지듯 흰 피부를 갖지 않은 여성은 노력하지 않는 여성으로 보는 경향이 생겨났다. 오늘도 많은 인도 여성이 백인의 피부를 선망하고, 흰 피부를 가진 미인의 기준에 부합하려고 성형과 미백하는 방법을 동원한다. 미의 이상형을 꿈꾸는 젊은 여성은 미백 화장품을 쓰고 미용실에서 관리를 받으면 흰 피부를 가질 수 있다는 광고를 믿는다. 그걸 누리지 못하는 여성이 상대적인 열패감을 갖는 점은 이 신화의 큰 부작용이다.

인도인이 사랑하는 영화 산업에서도 흰 피부를 가진 여배우가 성공한다. 각종 미디어가 흰 피부의 여성을 미의 이상형으로 만든 것도 흰 피부에 대한 선망을 부추긴다. 텔레비전 드라마, 광고의 주인공은 거의 다 백설공주처럼 흰 피부를 가졌다. 검은 피부를 가진 남부지방의 한 모델은 인도에서 피부색으로 차별을 받다가 해외에서 성공했다. 역시 피부색에 대해 편견을 가진 백인이 그녀의 검은 피부를 이국적인 아름다움으로 여긴 덕분이었다.

아름다움에는 계급이 작용한다. 예쁜 얼굴과 아름다운 몸매를 가진 영화배우와 광고모델, 미디어의 주인공은 피부와 얼굴 생김새, 착용한 장신구를 보건대 모두 상층 카스트에 속한다. 그들은 인구의 마이너리티에 불과하지만, 미의 영역에서 늘 주인공이다. 2012년 10월 25일 자 영자신문 〈더 힌두The Hindu〉에는 입양하는 사람이 흰 피부를 가진 아이를 선호한다는 기사가 실렸다. 흰 피부를 가질 확률이 높은 상층 카스트, 특히 브라만 아이를 좋아한다는 것이다.

카스트가 처음으로 언급된 〈리그베다〉에서 카스트 제도의 최하층인 수드라는 검은 피부를 가진 계층이었다. 막일을 하는 수드라나 최하층에게 상층 카스트의 백색 피부는 도달하기 어려운 이상형, 이룰 수 없는 꿈이다. 오늘날의 영화나 다양한 문학작품에서 보이는 못생긴 여자나 종속적인 여성의 피부색은 다 검은색이다. 민주사회인 지금도 가난하거나 뜨거운 햇볕을 이고 막일하는 낮은 계층의 피부색과 그들의 아름다움에 주목하는 시선은 어디에도 없다.

　사실 흰 피부는 다수 인도인의 피부색이 아니다. 인구의 95퍼센트가 흰 피부를 갖지 않았으니 유색 피부가 지극히 인도인다운 피부다. 그러나 흰 피부가 아름답고 사랑스럽다는 신화는 계속된다. 미인대회에서 우승한 인도 여성을 인도인이라고 자랑하면서도 갈색 피부의 인도인에 대한 자긍심은 없다. '미스 인디아'를 '진정한 인도 여성의 미'를 대표하는 여성으로 여기면서 다수의 인도 여성보다 백인 여성을 닮은 그들을 인도의 전통적인 미를 대표한다고 믿는다.

　인도에선 지금도 이목구비가 덜 예뻐도 피부가 하얀 여성이 미인이다. 키가 크고 흰 피부를 가진 날씬한 여성이 여성의 이상형이 되어가는 것이다. 갈색 피부를 가진 대다수 인도 여성이 백인의 미적 이상형에 도달하려는 욕망은 영원히 다다를 수 없는 꿈이다. 아무리 노력해도 백인 여성의 '완전히 흰 피부'를 가질 순 없고, 백인을 아무리 닮아도 완전히 닮을 순 없다. 그런데도 인도에서 팔리는 한 화장품의 이름은 '화이트퍼펙트white perfect'다. 아름다움도 역설을 좋아하는 모양이다.

춤추는
여자의
미

인도인은 움직이는 여성이 아름답다고 여겼다. 그 이유는 움직임이 아름다움의 형태를 더욱 효과적으로 보여주기 때문이다. 사원의 조각상이나 그림 속의 여성은 역동적인 모습이다. 힌두 사원의 벽을 가득히 채운 춤추는 여인, 공작의 발걸음처럼 우아하게 움직이는 여자, 드럼을 치는 여인, 아이를 안은 여인, 연꽃 냄새를 맡는 여인, 앵무새와 노는 여인의 이미지는 다 역동적인 여성의 아름다움을 드러낸다.

움직이는 여성은 창조와 번영을 대표한다. 춤추는 행위는 창조적 행위로 여겨지고, 여인이 함께 노는 앵무새는 힌두교에서 사랑의 신으로 일컬어지는 카마Kama의 탈것인데 역시 창조를 상징한다. 여성 출산력의 상징인 타원형의 드럼은 우주의 에너지가 내는 소리로 여겨진다. 그래서 드럼을 치는 여성이나 춤추는 여성은 아이를 안은 어머니처럼 생산력과 모성을 의미한다.

역동적인 모습이 아름답다! 에스 라인이 돋보이는 무용수의 춤 동작.
남부지방 박물관의 벽화

그중에서도 춤이 창조적인 동작이자 역동적인 움직임으로 가장 아름답다고 여겨졌다. 따라서 아름다운 여성은 춤과 관련이 높다. 고대 인더스 문명의 모헨조다로에서 발견된 작은 청동여인상은 왼쪽 팔을 팔찌로 가득히 치장한 호리호리한 몸매의 무용수인데, 균형미가 압권이다. 기원전 1500년부터 구전된 〈리그베다〉의 첫 여신 우샤도 춤을 추었다. 부처의 전생을 담은 《자타카Jatakas(본생담)》에도 이름만 듣고 사람들이 몰려드는 아름다운 무용수들이 언급된다.

　인도에서 춤을 아름답게 여기는 것은 사람들이 춤추는 여인의 내적 정수에 집중하고 동화되어 기쁨(라사Rasa)과 깨달음을 얻을 수 있기 때문이다. 힌두교에서 춤은 요가처럼 정신적 수련의 높은 단계로 해탈의 수단이다. 고대의 힌두들은 우주와 조화를 이루고 자연의 질서를 따르는 생활이 신과 가까운 단계라고 여겼다. 그리하여 시바신의 춤을 곧 우주의 춤이라고 여겼다. 고대 갠지스 강 중류에 살던 한 성자도 음악과 리듬이 구원에 이르는 길이라고 적었다.

　고대 마우리아의 수도에 살던 그리스인 메가스테네스에 따르면, 힌두 사원이나 왕궁에는 춤추는 공연장이 있었다. 춤이 신을 숭배하는 힌두교의 중요한 수단이자 예술의 원형이었던 것이다. 무용수들은 종교 축제나 왕궁의 행사에서 춤추었고, 올해의 무용수로 선정되면 존경과 왕실의 후원을 받았다. 5세기 초에 이 지역을 방문한 중국(동진)의 승려 법현法顯과 7세기 당나라의 현장은 물론, 그 이전과 이후에 인도를 다녀간 여러 나라의 여행자의 기록에도 수많은 무용수가 언급되었다. 바늘만큼 좁은 미세한 공간에 발을 딛고 춤을 춘 뛰어난 무용수의 기록도 보인다. 무용수들에 대한 묘사는 아름답다는 말이 공통분모다.

4~6세기에 번성한 굽타 시대 이후에는 힌두 사원에 춤추는 여성을 두는 데바다시Devadasi 제도가 정착되었다. '데바(신)다시(종)'는 신의 종이라고 불린 춤추는 여인들로, 여성적인 힘이 여신과 합쳐지는 걸 의미했다. 춤을 통해 지상의 사원은 신이 사는 천상의 세계로 바뀐다는 뜻이다. 춤추는 여인들이 아름답게 여겨진 것은 우주의 에너지를 가진 여성의 춤이 힌두 사원의 의식에 매우 중요하기 때문이다. 춤추는 여인의 발목에 매단 방울에서 울리는 소리가 없다면 힌두 사원은 순수하지 않다고 여겨졌다.

지금도 카주라호나 남부지방의 유명한 힌두 사원에 가면 춤추는 조각상을 많이 볼 수 있다. 무용수의 아름다운 춤 동작은 감정이 생생하게 실린 역동적인 모습이다. 중세의 힌두 사원에는 춤추는 공간이 따로 있을 정도로 춤이 중요했다. 춤이 힌두 사원에서 중심 역할을 한 것은 아름다운 몸이 신전과 같고, 춤이 인간의 몸 안에 있는 신을 불러내는 행동으로 신성하게 간주되었기 때문이다. 힌두교에는 무용이 들어간 축제가 많았다. 그래서 그 주인공인 데바다시의 활약도 많았다.

데바다시가 제도화한 것은 사회가 분화하면서 독립적인 여성이 나타난 시대의 반영이다. 요즘으로 치면 그들은 전문직 여성이었다. 데바다시는 여성이 바깥과 무관하고 무심함을 유지하는 것이 미덕이던 시절에 공개적으로 글을 읽고 노래와 춤을 배웠다. 그들의 주요한 임무는 아침과 저녁에 사원의 뜰에서 춤추고 노래를 부르는 것이었다. 결혼하지 않고 예술가의 이미지를 유지한 데바다시는 북부지방의 카탁Kathak, 타밀지방의 바라트나티얌 Bharatanatyam 등 여러 지방의 고전무용을 오늘에 전하는 중요한 역할을 했다.

유명한 힌두 사원은 대략 데바다시를 10명가량 두었으나 11세기 이슬람의 침략으로 파괴된 구자라트 해안의 부유한 솜나트Somnath 힌두 사원에는 데바다시가 300명이 넘었다고 전한다. 11세기 남부지방에 세워진 세계문화유산 브리하데슈와라 Brihadeshwara 힌두 사원에도 춤추는 여인 약 400명이 소속되었다. 중부지방 안드라에 있는 티루파티Tirumala Tirupati 힌두 사원은 봉사하는 브라만이 3000명이 넘는 초대형 사원인데 이곳에도 데바다시가 많았다.

12세기부터 좋은 가문의 여성은 더 이상 춤을 추지 않은 것으로 보인다. 아마도 이슬람의 등장과 연관이 있을 듯하다. 힌두 사원에서 종교 봉사를 담당한 데바다시는 시중에서 벌어지는 유명인사의 결혼식이나 연회에 나가서 분위기를 띄우는 역할도 맡았다. 궁중에도 춤추는 여성은 왕의 총애를 받았으나 그들의 자식이 주류가 되긴 어려웠다. 그들의 춤과 노래는 근대 초기에 인도를 찾은 외국인에게 좋은 인상을 주었다. 타악기의 선율에 맞춘 다양한 춤 동작과 무용수 발목 장신구에 매단 방울의 경쾌한 소리가 손님들의 기분을 한껏 고조했다.

춤과 노래의 달인인 데바다시는 고전무용과 음악을 계승해 온 중요한 존재였다. 그들이 19세기까지 인도 문화의 중심이었다고 해도 과언이 아니다. 특히 중앙에서 무굴 제국이 쇠퇴한 1700년대 후반에서 1800년대 중반까지 갠지스 평원에서 번영을 누린 이슬람 왕국 오드Oudh와 남부지방의 힌두 왕국 탄조르Tanjore는 무용과 음악을 적극적으로 후원하여 무용수들의 활동이 활발했다. 한 여행기에는 오드의 수도에 살던 한 무용수가 엄청난 부를 쌓아 명성이 높았다고 적혀 있다.

인도를 방문한 근대 초기의 서구인은 아름다운 인도 여성에 대한 기록을 남겼는데, 대개 스무 살이 안된 어린 춤추는 여성이었다. 아마도 이방인이 잔치와 행사 등에서 공적으로 접할 수 있는 유일한 계층이 그들이었기 때문일 것이다. 서구인은 무용수의 이

국적인 아름다움, 화려한 옷차림과 장신구를 칭찬을 얹어서 표현
했다. 사지가 유연하며 민첩한 춤 동작에도 감탄했다. 이러한 긍
정적인 반응은 19세기 중반부터 바뀌었다.

영국의 지배가 강화되고 서구 교육을 받은 인도인이 늘어나면
서 춤추는 여인들을 부도덕하다거나 관능적이라고 비판하게 되었
다. 퇴폐 문화의 온상, 문명사회의 해독이라는 비난이 데바다시에
게 쏟아졌다. 영국 지배자와 기독교 선교사들이 데바다시 제도를
인도의 야만적이고 도덕적 타락을 보여주는 지표라고 비판하자,
일부 인도인도 그런 제도를 가진 자기 문화에 수치감과 열등감을
느끼고 데바다시를 부정했다. 다음은 한 인도 단체가 데바다시를
비판한 글이다.

끔찍한… 눈에는 지옥이… 가슴에는 독이 가득하고 허리에는 지옥
의 여신이 산다. 손은 희생자를 노리는 칼을 휘두르고… 그녀의 달
콤한 말 한마디에 인도가 망하고 그녀의 미소에 인도가 죽는다.

영국이 인도에서 세력을 다지자 전통적인 무용과 음악을 후원
하던 인도의 지배자들이 부와 권력을 잃고 역사의 뒤안으로 물러
났다. 무용수나 데바다시가 춤과 노래를 펼칠 무대도 사라졌다.
19세기 후반이 되자 데바다시는 순수를 강조한 빅토리아 시대 영

국의 윤리와 맞지 않는다고 여겨졌다. 춤과 무용을 공연하고 전수하는 데바다시의 문화적 기여는 무시되고, 매춘부와 비슷한 여성으로 여겨져 멸시를 받았다. 특히 인도에 거주하는 영국 여성이 밤의 문화를 맡은 무용수를 증오했다.

1875년 인도를 방문한 영국의 웨일즈왕자가 크고 유명한 스리랑감Srirangam 힌두 사원을 방문해서 데바다시로부터 환영받은 일이 있었다. 이 사건으로 데바다시에 대한 논쟁이 다시 일어났다. 당시 인도에서 활약하던 기독교 선교사들은 기회를 놓치지 않고 인도의 악습을 비판했다. 결국 영국의 식민정부는 모든 공식적인 행사에 춤추고 노래하는 인도 여자들을 부르지 않기로 결정했다.

이러한 힘과 여론에 밀린 힌두 사원들도 데바다시 제도를 포기하기 시작했다. 더불어 수천 년간 지속되어 온 춤과 무용의 전통도 사라졌다. 여성의 모델이던, 데바다시가 공연할 때 몸을 아름답게 꾸미는 미의 전통도 물러났다. 데바다시가 고대부터 전한 고전무용과 전통음악은 학교나 사설학원에서 여염집 딸들이 배우면서 명맥을 유지하나, 데바다시는 거의 다 사라졌다. 다만 데바다시의 패물은 오늘날 신부의 패물로 남아 있다.

그렇다고 춤이 오늘날의 인도 문화에서 완전히 사라진 건 아니다. 인도인의 사랑을 받는 영화에서 춤이 필수로 나오기 때문이다. 인도 영화에 필요한 것은 한 사람의 스타, 세 가지 춤, 여섯 곡의 노래라는 말처럼, 어떤 영화에든 춤추는 장면이 빠지지 않는 다. 특히 여주인공의 성공 여부는 춤을 잘 추느냐에 달렸고, 그래 서 고전무용을 배운 여배우들이 많다. 영화에 자주 등장하는 여주 인공의 에로틱한 춤은 아름다움을 춤과 여성에 대입한 전통과 그 다지 멀지 않다.

식민주의와
여성의
미

아름다움은 상대적이며 정치적이다. 인더스 시대부터 가부장적인 남성이 춤을 아름답게 표현한 여성을 마귀에 비교한 데서도 드러난다. 역시 가부장적 식민 체제를 가진 근대 영국인은 춤추는 인도 여성에게 이중성을 드러냈다. 앞에서 보았듯이 무용수의 매혹적인 외모와 화려한 동작을 경이로워하면서도 그런 여성을 매춘부로 보거나 음란하다고 내려다보았다.

어떤 여성이 아름답고 아름답지 않으며 어떤 문화가 아름답고 추한지를 결정하는 것은 힘을 가진 사람들이다. 즉 힘을 가진 남성이자 지배자가 한 사회의 미를 규정하고 제도화할 수 있다. 미의 개념이 특권이나 힘과 연계된 것은 인도에서 분명하게 드러난다. 가부장적 사회인 인도에서 여성의 아름다움은 남성이 규정하고 유지한 측면이 강하다.

고대의 마누는 신의 나라에 가려는 여인이라면 이승에서 남편에게 잘해야 한다고 말했다. 마누의 이름이 남성에게 깊은 영향을 주었듯이 인도 여성도 사회화를 통해 아름다운 여인상을 내면화했다. 그래서 아름답게 몸을 꾸미고 정숙한 아내로 사는 길을 따랐다. 그것이 사회적 약자인 여성이 신에게 가는 길이었다. 그렇게 남성이 규정한, 남편에게 봉사하는 여성의 길을 아름다움으로 받아들였다.

근대에는 정복자의 아름다움이 인도 여성에게 이상형으로 부과되었다. 아름다움이 권력의 수단으로 작동한 사례는 근대 영국에서 분명하게 드러난다. 인도를 지배한 영국은 여성의 미를 통해서 자신들이 우수한 지배자라는 정의와 그들보다 못한 피지배자의 부정적이고 열등한 이미지를 강조했다. 단순하게 말하면, 인도 여성은 아름답지 않고 영국 여성은 아름답다.

이러한 관점은 19세기 중반 영국이 인도에서 확고하게 기반을 잡자 강해졌다. 영국인은 인도인의 부도덕하고 관능적인 옷차림에 초점을 두면서, 인도 여성이 아름다움을 추구하는 것을 야만적인 행태로 몰았다. 더운 나라의 여성이 입는 가벼운 옷차림인 모슬린 사리를 속이 비친다고 음란하다고 비판한 것도 그들이었다.

영국이 인도 여성의 야만성을 강조하는 데 쓰인 대표적 사례는 힌두 사원이나 불교 유적에서 발견된 누드의 조각상이었다. 여인상이 선정적이고 음란하다고 말하는 서구인은 많았다. 1933년 영국의 미술비평가 프라이Roger Fry는 인도 미술의 에로틱한 미적 형태에 반대한다고 말했다. 미술에 표현된 여성의 관능미가 과도하고, 예술과 관계없는 관심이 담겨 있다는 의견도 내놓았다. 그는 조각상에 보이는 여성의 모습이 도피주의적이며 포르노와 같다고 평가했다. 이 시대 다른 서구인도 인도 여성에 대해 대체로 유사한 입장을 견지했다.

20세기 고전으로 불리는 영국 작가 포스터E. M. Forster의 소설 《인도로 가는 길》을 보면, 식민지 인도를 방문한 영국 여자가 에로틱한 조각상을 보고 이상한 기분을 가지게 되지만, 인도인 의사가 점잖게 그 분위기를 넘기는 장면이 나온다. 모욕을 느낀 영국 여자는 오히려 인도 남자가 자신을 성폭행했다고 고소하는 것으로 내용이 진행된다. 누드상이 많은 힌두 사원을 보고 몸이 뜨거워진다고 적은 사람도 19세기 영국인이었다.

당시 세계에서 가장 앞선 문명국이라고 자처한 영국인은 문명이 개화할수록 여성이 더 많은 옷을 입어서 몸을 잘 감싸고 귀걸이와 목걸이 등의 장신구로 치장하지 않는다고 주장했다. 나체에서 옷을 입는 과정이 문명화이고, 몸보다 정신을 아름답게 하는 것이 문명세계의 관행이라고 인도의 미적 관행을 야만적이라고 야유했다. 특히 장신구가 과하다는 비판이 많았다.

인도 여성은 섬세하고 투명한 옷을 입어서 몸매를 다 드러낸다.

영국은 오만과 편견을 담아서 비판했으나 더운 나라 인도에선 옷을 제대로 입지 않는 것이 전통이었다. 머리에 물동이를 이고 한 장의 천으로 된 옷을 입는다고 적은 1800년대 초반의 기록부터 모든 사람이 벌거벗고 가슴을 드러낸다고 적은 15세기의 여행기까지 거의 모든 외국인이 남다른 인도인의 의복 형태에 주목했다. 인도에서는 예로부터 윗옷을 벗는 것이 예절이었다. 옷을 오염의 매개체, 부정을 타는 수단으로 여겼기 때문이다.

동시대인 빅토리아 시대 영국에선 여성이 온몸을 꽁꽁 감싸는 것이 미덕이었다. 제인 오스틴의 소설을 영화로 만든 〈오만과 편견〉이나 동시대를 다룬 드라마와 영화에는 발목을 덮는 긴 스커트와 모자를 챙겨 쓴 여성이 등장한다. 머리부터 발끝까지 차려 입은 영국 여성의 모습에 익숙한 영국인에게 인도 상층 여성의 옷차림은 마뜩치 않았다. 인도 여성이 머리부터 발끝까지 장신구로 치장하고 가슴과 하체를 드러내는 투명한 옷감으로 지은 옷을 입었기 때문이다.

무굴 시대부터 이슬람의 영향으로 힌두 상층 여성과 무슬림 여성은 문밖출입을 자제했다. 밖에 나가면 가마를 타거나 온몸을 보이지 않게 가려서 남의 눈에 띠지 않도록 주의하는 것이 미덕이었다. 그러나 영국인은 인도 여성이 얇은 옷 사이로 몸의 형태를 드러낸다고 비판했다. 여성은 집에서 그들만의 거처인 규방(제나나)에서 머무르고 그래서 속옷을 입지 않고 가볍고 비치는 옷을 입었으나, 이방인의 눈엔 그러한 차림이 음란한 문화를 반영하는 것으로 비쳤다. 영국인은 규방에서 벌거벗고 지내는 인도 여성을 남성의 욕망을 만족시키는 존재라고 폄하하고, 그에 대비되는 우아하며 적절하게 몸을 가린 영국 여성을 긍정적으로 내세웠다. 본래 아름다움이란 익숙한 것은 내편, 낯선 것은 남이 되고, 내가 아닌 남의 것은 진기하지만 열등하게 보기 마련이다. 아름다움은 본질적으로 보는 자의 기준이기 때문이다.

> 빨간 비단옷을 마치 교양이 없는 가난한 여자처럼 차려입고, 구두와 스타킹도 신지 않은 채 야만인처럼 장신구를 주렁주렁 늘어뜨린 채 위엄과 정숙함에 대해선 단 한 번도 들어본 적이 없는 원시인처럼 앉아 있다.

인도에서 산 영국 여성 아크로이드Arnett Ackroyed는 영국 여성의 인권을 내세우며 인도 남성이 주도하는 재판을 받을 수 없다고 주장했으나, 인도 여성의 차림에 대해선 이렇게 혹평했다. 그의 미적 기준은 동시대 영국의 것이었다. 인도에 사는 영국 여성은 무더운 인도의 날씨를 무시하고 한여름에도 정숙한 여성의 드레스 코드인 빅토리아 스타일로, 치렁치렁한 드레스에 블라우스를 입고 구두를 신었다.

인도 여성은 비참할 만큼 초라한 옷으로 몸의 일부만 가리고, 장신구로 야하게 꾸민다. 반면에 기독교인은 깨끗하고 정숙하게 옷을 입는다. 그들에게서는 장신구도 눈에 띄지 않는다.

영국의 미적 기준을 따르면, 옷을 더 입고 장신구를 덜 하는 여성이 아름다웠다. 1800년대 전반 인도에 거주한 영국 여성은 옷을 덜 입고 장신구가 많은 인도 여성의 미적 취향을 무시했다. 원래 인도 여성은 오히려 보석이 들어간 장신구가 잘 보이도록 훤히 비치는 옷이나 옷을 덜 입었다. 그러나 영국 여성은 인도 여성이 애용하는 아름다운 무늬와 색깔이 든 옷감을 싫어했다. 피지배 여성들이 사용하는 꽃과 장신구도 사용하지 않았다. 아름답다는 걸 알았지만, 그걸 인정하거나 받아들일 수가 없었다. 그것은 '인도인을 위한 것'이기 때문이다.

그것이 지배계급의 고민이었다. 인도의 미와 관련된 물품을 사용하는 사람은 인도에 있는 작은 백인사회에서 저속한 취향이라고 멸시당했다. 인도의 미감을 내려다본 영국 여성은 인도의 모든 것을 야만이라고 혐오하면서 살인적인 더위에도 영국의 '숙녀답게' 코르셋과 긴 옷을 입었다. 장신구는 없었다. 영국 남성은 자국 여성의 소박하고 정숙한 옷차림을 문명국의 아름다움이라고 자랑했다.

영국 여성의 '성적 순수성'은 베일과 어두컴컴한 집안에서 관능적인 차림으로 지내는 인도 여성과 자주 비교되었다. 영국인의 눈엔 인도 여성의 화려한 장신구와 누드에 가까운 옷차림이 음란함과 방종함의 상징이었다. 송아지의 코뚜레와 비슷한 코 장신구를 보고 경악한 영국인은 밥 먹을 때 한 손으로 코 장신구를 들어올리고 밥을 먹는다고 야만인으로 기록했다. 몸을 장식하는 여러 방식 중에서 코를 꾸미는 것이 가장 매혹적이라는 평가도 많으니 근대 영국인에게 아름다움이란 순전히 그들의 기준이었음을 보여준다.

여성을 꾸미는 전통을 가진 인도의 장신구는 다 긍정적인 의미가 달려 있다. 목걸이와 귀걸이는 얼굴에 시선을 집중하고 주름과 같은 약점을 약화시켜 주는 동시에 영적 발전의 징표로서 결혼한 여성에겐 상서로움을 선사한다. 목걸이는 심장을 단단하게 해주고 정서와 사랑을 증진시키며 행운을 불러오고 악의 눈을 다른 곳으로 돌린다고 여겼다. 이마에 찍은 붉은색 점(빈디)은 지혜와 직관의 통로로 신성한 지식을 준다고 믿었다.

야만인은 정신의 아름다움에는 신경 쓰지 않는다. 몸을 꾸미는 데만 열중한다. 인도 여성은 몸에 그림을 그리고 머리에 붉은색을 칠하고 장신구를 달기 위해 귀나 코를 뚫는다.

영국인의 기록은 인도 여성의 장신구에 달린 상징과 의미를 무시하고, 양적인 것에 관심을 두었다. 특히 인도에 거주한 영국 여성은 장신구와 꾸밈을 좋아하는 인도 여성의 미적 감각을 비판했다. 장신구와 가루나 물감으로 몸을 꾸미는 인도 여성의 미적 경험도 야만으로 몰았다. 힘을 가진 자의 야유와 나무람에 직면한 인도 여성은 점점 작은 크기의 장신구를 선호했고, 인도 남성은 야만에서 문명으로 나아가기 위해 장신구를 하나둘씩 버렸다.

기독교 선교사들이 인도 여성의 옷차림을 '문명 개화'한 것도 같은 이유였다. 남부지방의 하층 카스트의 여성은 본래 상의를 입지 않고 사리의 한 자락으로 가슴을 가렸다. 여자 선교사들은 기독교로 개종한 인도 여성에게 빅토리아 시대의 윤리와 기독교식 옷차림을 가르치며 상의와 속치마를 입으라고 권유했다. 그들의 말을 따라 영국 여성의 '정숙한 옷차림'과 '부끄러움'을 배운 인도 여성이 상의를 입기 시작했다. 그들은 선교사가 디자인한 옷을 입었다.

많은 세월이 지나고 영국이 떠난 지도 오랜 지금의 인도에는 거의 모든 여성이 가슴과 어깨를 가리는 상의를 입는다. 상의를 입지 않고 옷감만 두르는 사람은 나이가 든 하층계급의 여인과 일부 부족여인이다. 사회 변방의 그들은 나름의 방식을 지키며 가슴을 아예 노출하거나 장신구로 상체의 일부를 가린다. 그러나 주류와 대세는 여성이 옷을 제대로 차려 입고 다리를 노출하지 않는 것이다. 영국인이 질겁하던 여성의 장신구도 종류와 양이 크게 줄었다.

19~20세기 인도를 지배한 영국인은 카주라호의 힌두 사원에서 보이는 누드의 여인상을 선정적이고 음탕하다고 평가절하하고 그런 인도 문화를 만든 힌두교와 인도인을 정숙하지 않다고 보았다. 그러나 21세기인 요즘에는 외적 아름다움을 강조하고 성적으로 호소력을 가진 여성이 사회에서 성공한다. 힘의 영향을 받는 아름다움은 시대에 따라서도 기준이 달라진다.

민족주의와
여성의
미

19세기 말 인도에 온 기독교 선교사는 가슴을 있는 그대로 드러내고 거리를 활보하는 인도 여인을 보고 충격을 받았다. 빅토리아 시대의 엄숙주의에 젖은 선교사는 천박한 모습의 여인에게 '부끄러움'을 가르쳤다. 먼저 기독교로 개종한 낮은 계층의 여인이 가슴을 가리기 시작했다. 블라우스라고 부르는 윗저고리가 등장한 것이다. 1881년, 동부의 벵골지방에서는 힌두교 개혁집단의 여인들이 블라우스를 입어서 사회를 놀라게 했다. 그때까지 사리의 한 자락이 아닌 별도의 옷으로 가슴을 가리는 것은 매춘부의 특권이었기 때문이다.

배운 인도 여성은 빅토리아 시대 영국 여성의 미적 감각과 아름다움의 개념을 받아들이기 시작했다. 신교육을 받은 소녀와 영국 여성이 교류한 인도 여성도 백인 여성이 아름답다고 생각했다. 영국 여성이 그들의 미적 역할 모델이 된 것이다. 몸을 꾸미고 장식하는 것, 몸을 드러내는 것이 부끄러운 일이라고 스스로 인정한 여성은 스스로 야만적이지 않다는 걸 보여주기 위해 영국이 비판하는 아름다움을 자제했다. 가부장적 식민체제가 부과한 미의 개념을 수용한 것이다.

그리하여 영국식 차림과 교육, 예절을 모방하는 인도 여성이 늘어났다. 특히 상층 여성은 무더운 인도의 날씨를 고려하지 않고 영국 여성처럼 코르셋과 속바지를 입고 그 위에 사리로 한껏 성장한 뒤에 슬리퍼나 하이힐을 신어서 멋을 냈다. 1880년대 신문에는 신발 광고가 등장했다. 여성은 맨발의 야만인이 되지 않으려고, 부도덕한 여성이 되지 않기 위해 집에서도 스타킹을 신었다. 일부 여성은 영국 여성보다 더 영국적이라는 평을 들을 지경으로 미의 기준을 바꾸었다.

당시 영국 통치의 중심지는 동부지방의 벵골이었다. 해안가인 그곳은 덥고 습기가 많았으나 벵골 여성은 블라우스와 속치마를 입고 양말과 구두를 신었다. 사리를 입은 뒤엔 베일까지 썼다. 당시 좋은 여성은 수줍음을 타고 조용하며 아내로서 의무를 다하고 다른 남자를 멀리하며 몸을 옷으로 잘 감싸고 비치는 옷을 입지 않는 여성이었다. 여신에게 어울리는 아름답고 품위 있는 옷을 입는 여성이 바람직한 인도 여성이었다. 반대로 피해야 할 여성의 행동거지는 큰소리로 말하고 몸을 드러내며 장신구와 보석을 요구하는 여성이었다.

인도 여성은 무슬림 지배자의 여인을 모방하여 속이 훤히 비치는 옷을 입기 시작했다. 그 결과로 갠지스 강에 목욕하러 나가거나 초대 받아서 참석할 때도 조금도 부끄러워 하지 않는다.

어떤 문명국이라도 현재 우리나라 여성이 입는 의복에는 반대할 것이다. 이는 수치를 모르는 행동이다. 교육을 받은 이들은 이러한 옷차림에 반대한다. 그들의 대다수는 여성이 개화된 의복을 입게 되길 바란다.

인도 여성이 영국의 여성성과 미의 개념을 받아들이자 영국의 통치에 반대하며 민족주의에 물든 인도 남성이 새로운 여성의 미를 주장했다. 그들은 옷을 덜 입는 여성의 전통의상과 서구식 옷차림을 다 반민족적이라고 보았다. 의복은 국가의 문화와 정체성을 반영한다고 여긴 그들이 인도 여성에게 부과한 것은 인도의 전통복장이었다. 그러나 그 전통은 가볍고 속이 비치는 기존의 옷차림이 아니라 거칠고 두꺼운 옷감으로 몸을 단속하여 남성의 시선을 차단하는 새로운 옷차림이었다.

인도 민족주의자가 언급한 전통은 영국의 미적 개념을 받아들여 만든 새로운 전통이었다. 그리하여 새롭게 만들어진 전통적인 여성은 서구의 영향을 받지 않고, 패션과 장신구를 좋아하지 않는 내적으로 아름다운 여성이었다. 서구적인 아름다움은 진정성이 없다는 말도 흘러나왔다. 흥미롭게도 민족주의자가 말하는 아름다움의 기준은 고대나 중세의 인도 전통이 아니라 영국인이 말한 것과 같은 노선의 전통이었다. 그렇게 해야만 인도 문명이 야만이 아니라고 반증할 수 있기 때문이다.

인도 민족주의자가 말한 전통복장이란 사리 안에 속바지를 입고 숄로 몸의 윤곽을 가리는 차림으로 몸을 온통 감싼 빅토리아 스타일에 가까웠다. 그들의 논리는 몸을 가릴 줄 아는 여성이 여성적인 여성, 아름다운 인도 여성이었다. 열대지방에 사는 인도 여성의 옷차림은 시원하게 몸을 드러내는 것이 당연했으나 점차 빅토리아 시대의 영국 여성처럼 몸을 다 가리는 옷차림이 문명이자 개화라고 여기게 되었다.

여성은 전통을 지키고 인도인의 품위와 특권을 되찾기 위해 두터운 옷감을 발목까지 내려오게 차려입어야 했다. 특히 배꼽이 드러내지 않도록, 그래서 성적인 색채를 드러내지 않도록 얌전한 옷차림이 강조되었다. 여성에게 누드나 반 누드로 강물과 같은 공공장소에서 목욕을 하지 말라는 주문도 주어졌다. 1920년대 마하트마 간디도 여성에게 장신구와 패물을 좋아하지 말라고 충고하고,

그걸 살 돈이 있으면 나라를 위한 운동에 기부하라고 권유했다. 간디와 교류하고 영향을 받은 물크 라지 아난드의 소설에 나오는 주인공을 빌어 인도 지도자들이 여성의 장신구를 어떻게 생각하는지를 들여다보자.

그는 어렸을 때 손가락에 반지가 끼고 싶었다. 그래서 어머니가 은 장신구를 한 것을 늘 감동적인 눈으로 바라보았다. 영국 군대에서 일하게 되고 영국인이 보석이나 장신구에 별다른 관심이 없다는 것을 알게 되자 바카는 인도인이 만든 화려하고 미세한 디자인의 장신구를 경멸했다. 그는 초록색 바탕에 정교하게 장식된 귀걸이, 코걸이, 머리핀, 그 밖의 금으로 도금된 장신구들을 눈길 한 번 주지 않고 지나갔다.

인도 남성은 인도 여성의 부적절한 옷차림이 이슬람의 통치를 오랫동안 받아서, 라고 비판의 화살을 돌렸다. 잠자리 날개처럼 속이 비치는 옷과 베일이 무굴 시대부터 유행했기 때문이다. 그러나 그들도 영국 지배자처럼 더운 날씨를 고려하지 않고 인도 여성에게 적절한 옷차림을 주문했다. 거칠고 두꺼운 옷감으로 몸을 가려서 남성의 시선을 막아야 한다고 권유한 것이다. 그리하여 빅토리아의 숙녀처럼 남성을 자극하지 않도록 가슴을 가리는 조신한 여성이 존경받는 가문의 여성이 취할 도리라고 생각했다.

　인도 여성의 몸과 옷차림은 더욱 남성의 시선에 종속되었다. 이 시대 인도 여성에게 부과된 몸과 아름다움의 기준은 세 갈래였다. 하나는 지배자가 강요한 영국 빅토리아 시대의 기준이고, 다른 하나는 식민주의에 맞서는 인도 민족주의자의 애국적인 아름다움이었다. 그리고 하나 남은 미의 기준은 옛날부터 이어진 전통의 미였다.

　남자와 여자가 만나서 함께 이야기를 나누고 먹고 마시며 여행을 하는 사회에서는 여성의 매너가 거칠며 영적인 자질이 부족하고 동물적인 성질이 두드러져 보인다. 이와 같은 이유로 그 사회의 관습은 결점이 많다고 생각한다.

　여성이 영적 아름다움을 잃지 말아야 한다는 한 인도 남성의 이 발언은 영국의 정숙한 숙녀처럼 조신한 여성이 여성답고 아름답다는 의미였다. 술을 마시거나 담배를 피우지 않는 여성을 영적으로 순수하다고 여겼다. 외적으로 아무리 아름다워도 내적 아름다움이 수반되지 않는 여성은 아름답지 않다는 의미였다.

　당신의 얼굴을 얌전함의 거울에서 보라. 정절의 베일을 쓰고, 품격의 코흘을 바르라.

인도 여성을 위해 이런 노래도 등장했다. 양가집 규수는 축제나 공공장소에 참가하지 않고, 음란한 말과 행동을 자제하도록 배웠다. 다시 인도 여성의 아름다움이 얌전함 즉 성적 조신함으로 표현되었다. 다만 이번에는 아름다움의 기준이 가부장적 남성을 위해서만이 아니라 이방의 통치를 받는 어머니, 모국 인도를 위해 규정된 점이 달랐다.

인도의 상층 여성은 거칠고 상스러우며 싸우기 잘하는 하층의 무식한 여인과 구별되는 미의 기준을 따라갔다. 그 모델은 빅토리아 시대의 정숙한 영국 여성이었다. 인도 남성은 여성다움을 잃지 않고 엉덩이에 뿔이 나지 않으며 부뚜막 위에 올라가지 않는 범위에서 교육과 사회활동을 하라고 권유했다. 여학교에서도 신식 여성이 입센의 《인형의 집》 노라처럼 집을 뛰쳐나가지 않도록 현모양처를 강조했다.

'여성이 있어야 할 곳은 가정'이라거나 '여성의 역할은 가정적인 여성, 여성의 의무는 현모양처'라는 주장이 대세가 되었다. 가정은 여성이 전통을 수호하며 자식을 키우는 '내적 공간'으로 간주되고, 그곳은 이방의 정권이 침투하지 못하는 자유의 공간으로 여겨지면서 전통과 문화를 지키는 여성이 이상적인 인도 여성으로 칭송되었다.

이 무렵 이상형으로 떠오른 여성은 시타처럼 조신하고 몸을 옷으로 가리는 어머니와 같은 여성이었다. 순종적이며 자기희생적인 시타와 더불어 남편을 헌신적으로 따른 사티와 사비트리도 정절과 자기희생, 헌신과 인내 등 인도 여성이 따라야 할 덕목을 소지한 이상적인 여성으로 생각했다. 그들을 내적으로나 외적으로 아름답다고 여긴 것이다.

19세기 인도 화가가 그린 그림 속의 여성은 도덕적이고 정숙한 여성으로 인도의 정신적 정체성을 나타냈다. 이제 가슴이나 배꼽을 드러내는 여성은 더 이상 미인이 아니었다. 이때 그려진 아바닌드라나트 타고르Abanindranath Tagore의 그림에는 인도 여성의 이상형인 시타가 영적 아름다움을 드러낸다. 악마의 왕 라바나에게 납치된 시타의 슬픔과 생각에 잠긴 모습은 신성함을 풍긴다. 민족주의 성향을 가진 이 시대에 활동한 화가들은 인도인다움, 영성을 가진 서사시의 주인공과 여신의 그림을 통해 여성이 인도의 문화와 전통을 보존한다고 인식했다.

민족주의자가 말한 어머니는 식민통치를 받는 자식의 아픔을 쓰다듬는 모국의 정신을 상징했다. 19세기 후반에 뱅골지방에서 인도 최초의 근대소설을 쓴 뱅킴 찬드라 차터르지Bankim Chandra Chatterjeei는 어머니, 모신을 모국에 연계했다. 그가 1893년에 모국어(벵골어)로 쓴 〈아난다마스Anandamath(환희의 승원)〉에는 모국을 상징하는 여신상을 향해 눈물을 흘리며 "오, 어머니! 저는 당신을 해방시키지 못했어요. 당신을 다시 이교도의 손에 빠지게 했어요."라는 대목이 나온다.

고대부터 여성의 본질을 생산과 양육으로 여겼듯이 이 시대도 아이를 낳아 훌륭하게 기르는 여성을 모국으로 상징했다. 〈아난다마스〉에 나오는 시 '반데 마타람Vande Mataram(어머니, 당신에게 절을 올려요)'은 모신과 모국을 상징하면서 반영 투쟁의 구호가 되었고, 여기에 나중에 노벨문학상을 받은 타고르가 곡을 붙인 '반데 마타람'은 독립투사의 애창곡이 되었고, 지금도 국가國歌보다 더 많이 불리고 있다.

오늘날 우리가 인도의 거리나 건물, 책에서 볼 수 있는 아름다운 여신의 그림은 다 19세기와 20세기에 나왔다. 가슴이 드러나지 않도록 사리로 빈틈없이 몸을 단속한 정숙한 모습이다. 고대와 중세 문학이나 사원의 조각상에 묘사된 가슴이 크고 매혹적인 누드의 미인은 더 이상 영적인 미인이 아니었다. 신성한 아름다움을 나타낸다고 여기지 않았다. 라비 바르마와 같은 민족주의적 화가들이 그린 아름다운 여성은 사리로 온몸을 감싸고 장신구를 많이 하지 않은 다소곳하고 우아한 모습이다. 정숙한 그들이 힌두 여성의 새로운 미적 이상형이 되었다.

미인대회와
소비주의

여성미의 기준은 변한다. 호리호리한 여성을 아름답다고 여기는 시대가 있고, 풍만한 여성을 미인으로 숭배하는 시대도 있다. 예를 들면, 일본의 헤이안平安 시대는 순수성을 상징한 백색 피부가 미인이었으나 오늘날엔 회칠한 듯한 그들을 미인으로 간주하지 않는다. 일본 교토의 골목에서 한참 기다렸다가 간신히 만난, 화장을 하얗게 칠한 게이샤(기생)는 내 눈에도 미인이 아니었다. 오늘날의 대학생이 중국의 양귀비를 만나도 미인이라고 부러워하진 않을 것이다.

오늘날 미의 표준은 백색 피부와 비율이 좋은 날씬한 몸매로 성적 매력을 가진 서구 여성이다. 최근까지 각국의 문화는 나름의 미적 이상형을 가졌으나 지금은 온 세상이 서구 미인을 닮아가는 중이다. 우리나라에서도 마른 몸매, 오뚝한 코, 브이 라인의 얼굴을 가진 여성을 미인으로 꼽는다. 옛날엔 그믐달과 같은 작은 눈이 매력이었으나 오늘날엔 쌍꺼풀을 가진 큰 눈이 아름답다. 지금의 미인은 100년 전의 미인과 완전히 다르다. 모두 비슷한 얼굴과 유사한 차림인 오늘날의 미인은 아름답지만 아름답지 않다. 다양한 것이 아름답지 똑같은 것이 아름다울 순 없다.

인도의 미인도 점점 비슷해진다. 호리호리한 여배우의 몸매가 이상적이 되었다. 인도가 경제자유화로 선회하고 바깥세계와 깊이 연계하기 시작한 1990년대 초까지는 통통한 여성을 아름다운 여배우로 일컬었고, 그때까지 영화배우나 광고모델도 풍만한 모습이 대세였다. 1994년 미스월드의 왕관을 쓰고 영화계에 데뷔하여 승승장구하는 아이슈와라 라이의 역할이 변화를 촉발했다. 이후 라이와 같은 국제적 표준의 미인, 패션모델처럼 날씬한 여성을 미인으로 여긴다. 볼리우드Bollywood로 대표되는 영화계, TV와 위성방송 등의 각종 미디어, 여성 잡지와 광고계도 비슷한 미의 관점을 공유한다.

앞에서 언급한 것처럼, 인도에서는 미인선발대회가 1960년대부터 시작되었으나 오랫동안 주목받지 못했다. 언론이나 국민은 무심했다. 여성 잡지와 화장품 회사, 여성복 제조업체가 후원하고 주관하는 그들만의 리그였다고 할까. 여성단체의 항의와 여러 이유로 대회가 무산될 위기도 여러 번 겪었다.

바깥세계와 거리를 둔 인도의 정치적 환경과 서구 식민통치의 심리적 상흔이 남아 있는 인도에서 외국 문물은 자유롭게 들어오지 못했다. 서구인을 닮은 미인이 크게 환영받지 못한 것도 당연했다. 신데렐라가 작고 예쁜 발을 가진 덕분에 왕자와 결혼하는 것처럼, 신체 주요 부위의 알맞은 수치를 바탕으로 미의 여왕을 뽑는 것이 부당하다는 견해가 인도의 지배적인 시각이었다.

여성의 육체에만 중점을 둔다는 세간의 비난을 막기 위해서 인도의 미인선발대회에서도 미인의 지적 아름다움을 살핀다고 몇 가지 재치문답을 실시했다. 제비를 뽑아서 거기에 적힌 질문으로 지성미와 순발력을 평가한 것이다. 흥미롭게도 인도의 미인선발대회에서 장래 희망을 묻는 질문을 받은 많은 미인이 마더 테레사를 닮고 싶다고 대답했다. 그것이 우문우답愚問愚答인 것은 그렇게 멋진 대답을 하고 미의 왕관을 쓴 대다수의 미인이 영화배우가 되었기 때문이다.

인도가 개혁과 개방을 시작한 1990년대에 많은 것이 변했다. 1994년~2000년까지 미스인디아 다섯 명이 국제미인대회에서 최고 미인의 반열에 올랐다. 그들이 인도 여성의 미를 만방에 알렸다는 신화가 만들어지고 소비주의와 글로벌화의 상징이 되면서 여성의 몸이 공적 영역에서 주목받기 시작했다. 대도시에는 슈퍼모델이나 미인선발대회에 관심을 가진 젊은 여성이 늘어났다. 모든 계층의 여성이 새로운 미의 이상형에 기꺼이 동참하기 시작했다.

특히 도시지역의 중하층 젊은 여성이 미디어가 만든 '미스인디아'를 닮아갔다. 예전에는 돈이 있거나 귀족처럼 상층에 속하는 사람들이 아름다움을 추구했으나 민주화된 오늘날에는 전 계층이 아름다움에 집착하고 있다. 우리나라 젊은이들이 잘 쓰는 "예쁘면 모든 것이 용서된다"는 말은 아름다움이 가진 힘을 알려준다. 이제 아름다움이 권력을 휘두르는 세상이다.

우리 시대는 아름다움이 모든 것의 위에 있다. 미디어와 미용 산업은 끊임없이 서구형 미인, 마른 몸매를 가지라고 부추기고, 젊은 여성은 미용 상품을 소비하며 미적 이상형의 수동적 존재를 넘어선다. 대다수 인도 여성은 미인대회의 미인과 상이한 체형을 가졌으나 서구화와 경제발전의 영향으로 미인의 표준화에 대한 거부감이 줄었다. 우리나라 여성처럼 남성의 이목을 끌기 위해 미용과 의학의 도움을 불사하는 여성이 많아졌다. 그들은 아름다워진 얼굴과 몸으로 남성의 욕망을 이용하고 돈과 권력에 다가갈 꿈을 현실로 바꾼다.

우리가 세계를 점령했다.

인도 여성이 '미스유니버스'에 선발된 뉴스를 전한 델리의 한 영자신문은 이렇게 기뻐했다. 그날 신문의 헤드라인에는 "세계의

미스월드가 된 이후 영화배우로 성공한 인도 최고의 미인 아이슈와랴 라이

부러움, 인도의 자존심"도 보였다. 이제 인도 여성의 아름다움은 국가와 동일시된다. 전통과 부합하지만 근대성을 가진 여성이 국제적으로 인정받으면서 아름다움의 기준은 서구의 아름다움과 동질화된다. 서구적인 미인과 차이를 줄이는 것이 성공이라고 여기는 여성은 체육관에서 몸무게를 줄이고 전통적인 아름다움이던 가슴과 엉덩이를 작게 만들려고 분투한다.

오늘날 인도에서 아름다운 여성은 사원에 있는 힌두 여신이 아니라 여신으로 추앙되는 여배우들이다. 국제미인대회에서 수상한 미인은 거의 다 은막에 진출했다. 흰 피부와 날씬한 몸을 가진 이들이 전반적인 미의 개념과 트렌드의 주인공이 되면서 여신으로 숭배된다. 국제적으로 인정받은 서구형 미인이 인도의 미적 이상형이 된 것이다. 그들은 공적 영역에선 국제적 기준을 따르지만 사적 영역에선 인도 문화를 보존하는 인도 여성으로 이중의 책임을 진다.

물론 하루아침에 다 바뀌지 않는 특성을 가진 인도에서는 전통적인 아름다움이 아직 사라지지 않았다. 외모만 가꾸지 않고 내적 미를 키우는 것이 전통이라고 믿는 사람들은 자연적인 재료, 즉 허브와 약초를 이용하고 요가와 명상을 통해 내적 아름다움을 기른다. 그들의 논리를 따르면, 좋은 피부는 좋은 마음가짐에서 나온다. 인도의 미인선발대회에 나가는 여성이 전통문화의 자락인

요가와 명상, 채식주의를 실천하는 것도 같은 이유다.

　이제 지나친 미의 강조가 여성주의를 탄생시켰지만, 미의 신화가 여성주의를 약화시킬 거라는 주장을 곱씹어볼 때가 되었다. 1968년 세계적으로 여성주의자(페미니스트)가 벌인 첫 시위의 대상은 미인선발대회였다. 이후 많은 여성이 남성 중심의 미의 신화와 미인선발대회를 반박했다. 우리나라 지상파 방송이 미스코리아선발대회 중계를 중단한 건 이런 맥락이었다.

　인도에서는 이런 경향과 반대로 미인선발대회가 사람들의 이목과 언론의 조명을 더욱 받게 되었다. 열성적인 여성주의자가 많고 여성의 사회적 위상을 높이려는 여성운동이 활발한 인도에서 미용 산업과 서구 중심의 미의 이상형을 따르는 여성이 늘어가는 건 아이러니가 아닐 수 없다. 미국의 출판인 나오미 울프Naomi Wolf는 1990년 《미의 신화The Beauty Myth》에서 이렇게 말했다.

　여성이 아이, 부엌, 교회, 여성적인 것에 대한 집착에서 어느 정도 해방되자, 이제는 아름다움의 신화가 그들을 구속하기 시작했다.

　인도의 많은 여성이 예전의 질곡을 벗어나 해방과 자유를 누리게 되었으나 소비시장과 미디어가 여성의 미를 규정하면서 여성의 주체성이 줄어드는 것이 사실이다. 아름다움은 보는 자에 달렸다. 푸른 안경을 쓰면 모든 것이 푸르게 보이고, 위에서 내려다보거나 아래서 올려다보면 같은 대상이 다르게 보인다. 인도 여성의 아름다움에도 권력과 금력이 작동하여 다른 모습을 띤다.

권력과 금력이 만든 미의 표준화가 여성에게 부과되지만, 인도 여성이 스스로 그 기준에 맞추는 경향도 분명한 사실이다. "남자는 여자를 본다. 여자는 남자에게 보이는 자신을 본다"는 말처럼 자신의 아름다운 몸을 보는 인도 여성의 눈은 인도 남성의 눈이다. 여성은 남성이 가진 미의 관점을 받아들이고, 그들이 좋아할 만한 아름다움을 추구한다. 이는 고대 가부장제의 관점과 식민지 시대 영국 지배자의 미에 대한 관점을 인도 여성이 받아들인 것과 같다.

물론 미를 추구하는 오늘날의 인도 여성이 전적으로 가부장적 논리나 시장주의의 도구인 것은 아니다. 아름다움에는 분명히 자기만족적인 성격이 있다. 어떤 나이 많은 여성은 자신을 아름답게 꾸미고 단장하면서 일종의 만족감과 행복을 느낀다고 당당하게 말한다. 뒤뜰에서 손톱에 봉숭아 꽃물을 들이던 어린 시절을 기억하면 아름다움의 추구가 강제적이거나 사회적 압박으로만 이뤄지는 것이 아님을 알 수 있다.

사회의 하층 여성은 오늘날에도 피부색이나 주류의 아름다움에 관심이 없다. 하루하루가 생존투쟁인 그들에게 미의 추구는 일종의 사치다. 오랫동안 인도 여성의 이상형인 시타를 이상형으로 받아들이지 않는 여성도 대개는 변방에 있는 여성이다. 가부장적 윤리에서 자유로운 일부 부족 여성은 전통적인 시타를 모델로 여기지 않는다. 교육을 많이 받은 엘리트 여성처럼 주변부의 그들은 힌두 남성의 문화적 이상형과 아름다운 여성의 기준이 필요하지 않기 때문이다.

그러나 대다수 여성은 외모를 통해 자신을 드러낸다. 결혼한 여성이 각종 장신구로 존재를 드러내듯 인도 여성은 배운 정도와 하는 일에 따라 외모가 다르다. 외적 미는 자신이 가진 걸 드러낸다. 다만 그 자신이 남의 기준을 오롯이 따르는 것이라면 문제다. 아름다운 여성이 상품화되고 아름답게 만드는 미용 산업이 나날이 발전하는 오늘날의 세상에서 인도 여성은 과연 자기 미의 주인인가?

서구의 영향력이 강해지는 인도에서 서구적인 미의 기준도 진해지는 것은 어쩔 수 없는 일인지도 모른다. 서구 문화처럼 성적 매력을 가진 여성이 아름답고, 소비주의와 산업화의 영향으로 아름다움이 힘으로 인정받으면서 보이지 않는 것― 영적인 미, 내적인 미―을 강조하던 인도의 미적 이상형이 보이는 미의 세계로 넘어가는 것도 분명하다. 힌두 전통에서 아름다움은 신과 같은 그 무엇이었으나 요즘의 세상에서 아름다움은 세속적인 성공의 수단인 그 무엇에 불과해 보인다.

인도와
중국의
미인

인간의 아름다움에 대한 인식은 시대와 지역에 따라 다양하게 나타난다. 사회와 국가에 따라 미적 기준이나 미의식도 달랐다. 만약 세계의 모든 여성이 같은 아름다움을 추구하거나 외모가 다 똑같다면 아시아의 미를 탐구할 대상이 없을 것이다. 아름다워지려는 여인의 욕망은 지속되어도 미와 미인에 대한 관점은 아시아와 서구가 다르고, 아시아에 있는 중국과 인도가 같지 않기 때문이다.

오늘날 '친디아Chindia'로 묶여 글로벌 세상의 주인공으로 떠오르는 두 나라는 히말라야 산맥을 사이에 둔 이웃이면서도 수천 년 동안 먼 나라로 지내왔다. 불교를 통한 문화적 교류와 바다와 비단길을 통한 상업적 관계를 통해 두 나라 간에 사람과 재화의 이동이 있던 것은 틀림없으나 직접적인 주고받기는 거의 없다고 말해도 옳다. 군이 언급하자면, 과거에는 중국이 불교와 불교문화를 매개로 인도에서 뭔가 받아들이는 형국이었다. 아름다움의 영역도 그랬다.

두 나라의 결속력이 약해서인지 아름다운 여성의 기준이나 실상은 공통점보다 다른 점이 많다. 중국의 미인이 대개 몸매가 가녀리고 날씬한 체격에 갸름한 얼굴을 가졌으나 인도의 미인이 통통하고 육감적인 것도 그 중 하나다. 7세기 말엽 당나라가 풍요와 번성을 누리면서 이전보다 몸집이 큰 미인이 등장했고, 중국의 최고 미인 양귀비처럼 풍만한 체격과 통통한 얼굴을 가진 여성이 미인으로 여겨진 적도 있다. 그러나 대체로 그림에 보이는 중국의 여인은 인도 여성에 비해 왜소했다. 우리나라와 일본의 미인도 인도보다 지리적, 문화적으로 인접한 중국의 미인에 가깝다.

2007년 우리나라에 소개된 중국학자 시양쓰向斯가 쓴 〈건륭황제의 인생경영〉에는 관원들이 농부의 딸인 행아杏兒를 보고 아름다움에 넋을 잃는 장면이 나온다. 그들이 속세의 사람이 아니라 선녀일 거라고 여긴 행아의 아름다움은 "보름달처럼 환한 얼굴, 깊은 연못을 방불케 하는 한 쌍의 살구 씨 같은 눈, 새까만 눈동자, 폭포처럼 드리운 검은 머리, 백설 같이 흰 살결, 버들가지처럼 하늘거리는 몸매, 난초의 향기가 나는 아름다운 자태"다. 행아의 모습은 인도의 미적 이상형과 본질에선 비슷하다. 여성의 아름다움이 보름달과 버들가지 등 자연에 비유된 것도 그렇다.

> 꽃 같은 얼굴에 달 같은 태도와 버들 같은 허리에 앵두 같은 입술은 월궁항아가 광한전에 배회하는 듯, 요지 왕모가 반도연에 내림하는 듯, 그 아리따운 모양은 해당화 한 가지가 동풍세우에 반쯤 젖은 듯, 어디가 고우며 어디가 미움을 모를지라.

중국의 행아는 우리나라 이인직이 쓴 신소설 〈혈의 누〉에 언급될 정도로 아름답다. 행아가 알려주는 중국 미인은 이처럼 보름달 같이 환한 얼굴이다. 새벽달에 비유되는 명대의 미인도 피부가 희고 부드러웠다. 어둔 밤에 빛을 밝히는 보름달 같은 얼굴, 백설처럼 하얀 피부, 앵두처럼 붉은 입술, 칠흑 같은 검은 머리는 중국과 인도에서 아름다운 여인이 가진 공통적인 모습이다. 이인직의 글이 보여주듯이 한국에서 선호된 미인의 피부색도 흰색이었다.

소설가 이명수가 쓴 《중국인의 에로스》에는 식나라 제후의 부인 규씨가 천하에 둘도 없는 미인이었다고 나온다. 그의 미모는 "날씬하고 수려하며, 눈은 가을 새벽의 투명한 이슬 같고 붉은 입술 속의 하얀 치아는 석류처럼 반짝거렸다. 눈이 부실 만큼 뽀얀 피부에 뺨은 늘 복숭아꽃처럼 은은한 빛을 발한다." 규씨의 미모는 인도의 대표 미인 시타와 비슷하다. 눈부시게 아름다운 두 미인의 차이는 몸매다. 코끼리의 코와 같은 넓적다리와 잘 익은 야자나무의 열매와 같은 가슴을 가진 시타와 달리 규씨는 날씬하다.

이상적인 인도의 미인이 큰 엉덩이, 풍만한 가슴을 가진 데 비해 그림이나 도용(무덤속에 묻힌, 흙으로 만든 허수아비)에 드러나는 중국의 미인은 가슴과 엉덩이가 작다. 타고난 신체적 차이가 있겠으나 가슴이나 몸의 윤곽이 뚜렷하지 않은 건 분명하다. 아기를 품에 안은 중국의 어머니는 풍만한 가슴이 강조되지 않는다. 그러나 문학에서 버들가지와 같이 가는 허리, 연적 같은 젖무덤, 펑퍼짐한 엉덩이의 미인이 언급된 걸 보면, 중국에서도 아름다운 여성이 출산에 유리한 몸을 가진 여성임을 알 수 있다.

"가는 버드나무와 같이 가는 허리를 덥석 안고" 라는 표현이 남아 있는 중국에서 미인은 버드나무처럼 가느다란 허리를 가졌다. 중국의 최고 미인 중의 한 명인 오나라의 서시西施도 허리가 버들가지처럼 가늘었다고 전한다. 자비로운 관세음보살도 나뭇가지를 잡은 인도 불교사원의 약시처럼 버드나무 가지를 들고 있거나 병에 꽂는 모습이다. 중국이나 인도나 가는 허리를 미인의 요소로 여긴 건 비슷했다. 역시 가는 허리도 출산 능력과 다산과 관련이 있다.

가장 눈에 도드라지는 분야는 두 나라 미인의 표정이다. 중국을 비롯한 동아시아의 미인은 대부분 엄숙하거나 표정 없이 단정한 모습인데 비해 조각상이나 그림에서 보이는 인도 여성은 유혹적이고 도발적인 표정이다. 인도의 미인이 움직이고 동작이 큰 것과 달리 중국의 미인이 정적인 자태라는 것도 차이가 난다. 그림이나 조각에 표현된 인도 여인은 보는 사람들에게 기쁨을 주고 깨달음을 주는 역할이기 때문에 표정이 더 다양했을 것이다.

중국에서 최초로 인물화를 그린 동진의 고개지顧愷之(344~406)가 그린 그림 속 귀족 여인은 우아한 모습이다. 인도에서 굽타왕조가 아름다움을 추구하던 시대에 그가 그린 그림 속의 여인은 옷자락은 바람에 날려도 몸은 크게 움직이지 않는 자세다. 우리나라 조선 초기의 정도전은《삼봉집三峰集》에서 버들가지를 여인의 가는 허리로, 버들잎을 긴 눈썹으로 비유하여 여성의 몸을 관능적으로 의인화했다. 그러나 후대 시각자료에서 드러나는 중국과 한국의 미인은 동작이 분명한 인도 여성과 달리 관능적인 측면이 부족하다.

중국의 미적 전통에서는 춤추는 여인도 긴 소매를 나부끼며 조용하게 움직인다. 가느다란 허리에 감기는 부드러운 비단자락의 펄럭임을 최고의 운치로 여겼다는 기록이 남아 있을 정도다. 그래서 한쪽 팔과 발을 들어 춤사위를 보이는 무용수도 역동적인 느낌은 적다. 반대로 조각상에 보이는 인도의 무용수는 발목 장신구에

고개지의 그림에 보이는 중국 미인. 인도 미인과 달리 정적이다.

매단 방울소리가 경쾌하게 들릴 정도로 역동적이다. 외국인의 기록에는 타악기의 선율에 맞춰 큰 춤동작을 보이는 실존한 무용수의 유연한 사지와 민첩한 동작에 대한 언급이 많다.

그림 속 중국의 미인은 조촐하고 단정한 옷차림이다. 추운 기후 탓도 있겠으나 인도의 미인처럼 누드나 반 누드가 아니다. 춘화가 아니라면, 여인이 누드나 팔과 다리, 발목을 노출한 사례가 드물다. 인도처럼 유달리 큰 가슴을 강조하거나 배꼽을 보여주는 그림도 없다. 중국 여성은 온몸을 감싸는 풍성한 옷을 입었다. 춤추는 여인도 동작은 있어도 옷차림은 조신했다. 반면에 인도의 미인은 공적 장소에서도 상반신을 드러내고 허리 아래만 얇은 옷감을 걸친 요염한 모습이다.

붉은 댕기 밤물치마 삼단머리로
동백을 따는 아가씨 고운 아가씨
동백을 따서 단장하고 시집갈라나
택일단자 받아놓고 동백을 따니
에헤라, 달 밝은 밤에
뒷동산 동백꽃이 에헤라, 좋구나

동백을 노래한 우리나라의 민요에는 '삼단머리'라는 표현이 나온다. 인도나 중국에서도 삼단 같이 숱이 많고 길게 늘어진 머리가 미인의 조건이었다. 지금은 단발머리가 많지만, 예전에는 우리나라도 숱이 많은 긴 머리를 선호했다. 1900년대의 문학 특히 《혼불》의 작가 최명희의 작품에도 "삼단 같은 머리를 땋아 늘이고"라는 표현이 나온다. 중국 역사에서 가장 아름다운 머리카락을 가졌던 장려화張麗華의 머리카락은 거의 땅에 닿을 정도였다.

인도 여성에 비해 상대적으로 단정한 차림을 지속한 중국 여성이 미를 적극적으로 추구한 분야가 머리 모양이었다. 머리를 두 갈래로 나누어 정수리 위로 넓적하게 틀어 올려 붉은 댕기로 마무리한 스타일, 긴 머리를 제 머리로 묶고 남은 머리카락을 오른쪽으로 내려뜨린 머리 모양, 올림머리, 가발을 사용하여 머리를 크게 만드는 스타일 등 시대에 따라 다양한 머리 모양이 유행했다. 당나라에서는 금은보화와 옥, 수정 등으로 머리를 장식하는 것이 유행이었다. 대개 긴 머리를 유지한 인도 미인도 헤어스타일이 다양했다. 그러나 머리에 꽃을 꽂고 장신구나 물감으로 가르마까지 치장한 인도 여성이 중국 여성보다 이 부분에서도 더 화려하게 꾸몄다.

중국의 여인은 아름다움을 주로 머리 모양이나 의복으로 표현했다. 옷은 고대의 한나라에서 근대의 청나라에 이르기까지 수없이 변했다. 수많은 변형과 유행이 있었으나 전반적으로 말한다면,

중국 여성의 차림이 인도 여성보다 단순했다고 할 수 있다. 사계절이 있어 기후가 다채로운 중국 여성이 더 차려입고 더 큰 변화를 보였으나 전체적인 몸의 치장은 인도 미인이 옷은 덜 입어도 몸은 더 꾸몄다. 누드에 가까운 인도 미인과 달리 우리나라의 여인도 저고리에 펑퍼짐한 치마를 입어 몸을 가렸다.

인도 미인과 중국 미인의 가장 근본적인 차이는 몸을 꾸미는 장신구에서 드러난다. 인도 미인은 과도한 장신구와 장식으로 빈틈없이 몸을 치장했으나 중국 여성이 장신구를 애용한 흔적은 찾기 드물다. 중국의 그림이나 도용에 보이는 여인들은 목걸이나 귀걸이, 팔찌를 하지 않았다. 옷차림과 머리 모양은 자주 바뀌었으나 풍성하게 장신구로 치장한 여성의 모습을 보기 어렵다. 귀걸이가 등장한 것은 원나라 때인데, 남아 있는 그림 속 귀걸이는 인도의 장신구처럼 크거나 길게 늘어지지 않고 귓불에 바싹 붙은 작은 형태다.

발이 드러나지 않아서 발목이나 발가락의 장신구는 알 수 없지만, 중국 미인은 발이 작았던 것으로 보인다. 중국 미인의 조건에는 연꽃 같은 걸음걸이(연보蓮步)가 들어가는데, 이는 전족을 한 여인의 종종걸음으로, 남자의 시선과 마음을 붙잡았다. 전족은 발을 천으로 꼭 싸매서 작고 뾰족하게 만드는 것으로, 성인 여성의 발이 10센티미터 정도에 불과했다. 반대로 더운 나라 인도의 미인은 근대 이전까지 다 맨발이었고, 발도 몸의 다른 부위처럼 각종 장신구로 꾸몄다.

전통적인 중국 미인은 쌍꺼풀이 없고 평평한 둥근 얼굴에 초승달을 닮은 눈썹과 앵두처럼 붉고 작은 입술을 가졌다. 허나 눈썹이나 입술에 진한 화장은 하지 않았다. 물론 작고 가늘게 옆으로 찢어진 눈과 꼬리가 올라간 눈매를 가진 미인이 검은 먹으로 눈썹을 그린 시대도 있다. 우리나라 신윤복의 〈미인도〉에 그려진 여인의 얼굴도 복스럽지만 눈이 가늘다. 당나라 미인은 분을 바르고 볼에 연지를 칠했지만, 인도에서는 볼에 연지를 칠한 미인이 드물다.

여성의 미는 인도가 중국에게 영향을 끼친 편이다. 남북조 시대에 인도의 불교미술이 실크로드를 경유하여 중국으로 유입되었고, 불상을 꾸미는 인도 문화가 중국의 의복과 장식의 발달에 도움을 준 것으로 보인다. 전성기 당나라의 여인은 모슬린을 즐겨 입은 무굴 시대의 왕실 여인처럼 얇은 사라紗羅로 만든 숄로 몸을 가려 은근하게 몸매의 실루엣을 자랑했다. 불상에서 보이는 얇은 옷감, 여러 겹을 둘러도 속이 비치는 잠자리 날개 같은 당대 여인의 옷감은 무굴 황실에서 애용된 최고급 모슬린과 비슷한 옷감이었다.

중국이나 인도 등 아시아의 미인은 모두 자연에 비유되었다. 모란꽃이나 해당화의 아름다움을 미인에 비유한 것처럼 꽃에 비유된 미인이 많았다. 중국이나 한국의 문학에 나오는 미인은 수양버들 같은 허리, 삼단 같은 머리, 보름달처럼 밝고 둥근 얼굴, 백옥 같은 용모, 앵두 같은 입술, 가는 버들 같은 눈썹, 초승달 같은 눈처럼 주변의 자연과 동일시되었다. 인도의 미인도 자연의 아름다움에 비유되었으나 연꽃 같은 얼굴, 황금 같은 피부, 빔바 열매 같은 입술 등 세부적 비유에선 약간 다르다.

아시아의 미인은 인도의 시타나 중국의 양귀비처럼 외모만 아름답지 않았다. 서양에서와 달리 몸의 아름다움과 눈에 보이지 않는 아름다움이 함께 강조되었다. 재색을 겸비한 중국의 미인 조비연趙飛燕처럼 노래를 잘 부르고 춤도 잘 추는 여성이 미인이었다. 몸짓이 제비처럼 가벼워서 날아가는 제비와 같다고 비연이라는 이름이 붙은 조비연은 재와 색, 미와 기를 다 갖춘 미인이었다. 인도에서도 눈과 입술만 아름다운 것이 아니라 속까지 아름다운 여인, 여성의 다양한 기능을 중요시하고 여성의 다양한 아름다움에 주목했다.

얼굴만 예쁜 것이 아니라 마음이 고와야 한다는 점이 인도와 중국이 공유한 미의 관점이었다. 물론 시타를 이상형으로 삼은 인도가 중국보다 영적, 내적 아름다움을 더욱 강조했다. 곧 인도의 미가 종교와 깊이 연결되고 신성하게 여겨진 반면에 중국의 아름다움은 더 세속적이었다. 인도는 시대에 따라 미의 실천이 달랐어도 중국보다 아름다움과 추함에 대한 분명한 개념을 지킨 문화가 이어졌다. 인도 여성의 미, 중국과 다른 인도만의 아름다움은 서구와의 차이가 줄어들고 더 획일적인 서구적인 미에 종속되는 오늘날엔 한층 옅어졌다.

역사적으로도 아름다움의 기준과 실천에 변화가 많았던 중국은 20세기에 큰 정치적 혁명을 거치면서 전통적인 가치와 함께 미의 관점도 빠르게 바뀌었다. 몸을 아름답게 꾸미는 것과 아름다운 내면이 짝을 이루는 걸 진정한 아름다움으로 여긴 중국적인 미의 관점도 희미해졌다. 서구를 닮지 않은 중국 여성의 미는 이제 박물관에서 보거나 사람들의 기억 속에만 존재할 정도다.

중국보다 다양한 문화 풍토를 가진 인도는 미의 영역과 여성의 미도 중국보다 변화의 바람이 적다. 일직선적인 시간관을 가진 중국에서 고대의 아름다움과 미적 전통이 단기간에 사라진 것과 달리 시간의 흐름에 관대한 인도는 전통을 전적으로 버리지 않고 종교와 문화유산을 껴안고 미래로 나아간다. 중국이 날아오르는 용에 비유되는 것과 달리 인도가 코끼리로 상징되는 데는 이런 이유도 있다.

인도는 현재와 과거의 아름다움을 조정하며 새 노선을 찾고 있지만, 각 지방 간의 미의 차이가 줄어들고 전국이 서로 닮아가며 서구의 미가 표준화되는 현상이 강해진다. 그런 점에서 지금이 인도와 아시아가 자기 문화와 가치를 반영하는 미의 생존을 고민할 때라고 여긴다. 지금처럼 아무런 의문 없이 서양의 미를 수동적으로 받아들이다가는 아시아가 언젠가는 '생각'을 하지 않는 곳이 될지도 모르기 때문이다.

참고자료

Ames, Van Meter(1960). "Aesthetic values in the East and West", *Journal of Aesthetics and Art Criticism XIX*, No.1, 3–16.

Alkazi, Roshen(1993). *Ancient india Costume*. New Delhi: National Book Trust, India.

Auboyer, Jeannine(1994). *Daily Life in Ancient India: From 200 BC to 700 AD*. New delhi: Munshiram Manoharlal.

Bagchi, Jashodhara(1990). "Representing Nationalism: Ideology of Motherhood in Colonial Bengal", *Economic Political Weekly*, 20–7 October, 66–68.

———————————(1995). ed. *Indian Women Myths and Reality*. Calcutta: Sangam Books.

Bhattacharyya, Narendra Nath(1999). *The Indian Mother Goddess*. 3rd enl. ed. New Delhi : Manohar Publishers & Distributors.

Borthwick, Merdith(1984). *The Changing Role of Women In Bengal 1849–1905*. Princeton: Princeton University Press.

Bose, Mandakranta(2000). *Faces of the Femine in Ancient, Medieval, and Modern India*. New York: Oxford University Press.

Bracey, Robert. "Women in Kushan History". http://www.kushan.org/essays/women/ideals.htm.

Brown, Cheever Mackenzie(1990). *The Triumph of The Goddess : The canonical models and theological visions of the Devi-Bhagavata*. Albany : State University of New York Press.

Bussagli, Mario(1969). *Chinese painting*. London: Hamlyn.

Chacravarty, Uma(1989). "Whatever Happened to the Vedic Dasi? Orientalism, Nationalism and a Script for the Past", Sangari, Kumkum and Vaid, Sudesh, eds. *Recasting Women*. New Delhi: Kali for women, 27–87.

Chaitanya, Krishna(1987). *Arts of India*, New Delhi: Shakti Malik Abhinav Publications.

Chitgopekar, Nilima(2002). Invoking Goddesses : Gender Politics in Indian Religion, New Delhi: Shakti Books.

Coomaraswamy, Ananda Kentish(1989). *What Is Civilization?*: And Other Essays. Delhi: OUP.

Dey, Sumita(2013). "Fashion, Attire and Mughal women: A story behind the purdha", *the Echo*, Volume–I, Issue–III, January, www.thecho.in

Dhar, Parul Pandya(2011). ed. Indian Art History : *Changing Perspectives*. New Delhi: National Museum Institute.

Eliot, Charles(1921). *'From Kanishka to Vasubadhu' in Hinduism and Buddhism: An Historical Sketch*. The Project Gutenberg EBook of Hinduism And Buddhism, Volume II, released August 19, 2005.

Engels, Dagmar(1999). *Beyond Purdah?*. Delhi: OUP.

Ghose, Indira(1988). *Women Travellers in Colonial India–The Power of the Female Gaze*. Delhi: OUP.

Ghosh, D.P. (1973). *Kama Ratna. Indian Ideals of Feminine Beauty*. New Delhi: R&K Publshing.

Gosai, Anjana(2010). "India's myth of fair–skinned beauty", guardian.co.uk, Monday 19 July.

Goswamy, B. N.(1986). *Essence of Indian Art*. San Francisco: Asian Art Museum of San Francisco.

Harmatta J.(1994). *'Religions in the Kushan Empire' in History of Civilizations of Central Area*, vol II, UNESCO.

Havell, E. B.(1912). *Ideals of Indian Art*. New York: E. P. Button and Company.

Iftikhar, Rukhsana(2010). "Cultural Contribution of Mughal Ladies", *South Asian Studies*, Vol. 25, No. 2, July–December, pp. 323–339.

Ingalls, Daniel H.H.(1962). "Words for beauty in classical Sanskrit poetry", *Indological Studies in Honor of W. Norman Brown*. New Haven: American Oriental Society, 87–107.

Jain, Meera. "The Cultural Implications of Beauty, Spring 2005". Fifth Web Papers On Serendip, http://serendip.brynmawr.edu/sci_cult/courses/beauty/web5/mjain.html.

Jain, P.C. and Daljeet(2005). "Delight of Senses : The Indian Way of Seeing It(A Discourse on Indian Theory of Rasa in Relation to Visual Arts)". http://www.exoticindiaart.com.

Jain, P.C. and Daljeet(2009). "The Indian Concept Of Beauty: Dimensions And Contexts". Email Article by Exotic India, info@exoticindia.com, December.

Jain, P.C. and Daljeet(2008). "Goddess Lakshmi – An Enquiry into Conceptual Aesthetics". Email Article by Exotic India, info@exoticindia.com, September.

Jain, P.C. and Daljeet(2006). *Indian Miniature Painting–manifestation of a creative mind*. New Delhi: Brijbasi Art Press.

Kinsley, D.(1987). *Hindu Goddesses. Visions of the Divine Feminine in the Hindu Religious Tradition*. Delhi: Motilal Banarasidass.

Kishwar, Madhu(2001). "Yes to Sita, No to Ram: The Continuing Hold of Sita on Popular Imagination in India", *Questioning Ramayanas*. London: Cambridge University Press.

Kramisch, S.(1987). *The Art of India Through the Ages*. Delhi: Motilal Banarasidass.

Krishnamurity, J.(1999). *Women in Colonial India*. Delhi: OUP.

Kumar, Nitin(2007) "The Beauty of Beauty: An Aesthetic Journey Into the Ramayana". Email Article by Exotic India, info@exoticindia.com, March.

Kumar, Nitin(2002) "Every Woman a Goddess –The Ideals of Indian Art". Email Article by Exotic India, info@exoticindia.com, January.

Mackenzie, John M.(1982). *Propaganda and Empire*. London: Palgrave Macmillan.

MaCmillanm, Margaret(1988). Women of the Raj. London: Thames & Hudson.

Maharaj, Shri Ramkinkar(2001). *Discourses on the Sundarkanda*. Ayodhya

Mani, Lata(1993). "Reading Eyewitness Accounts of Widow Burning", Tejaswini Niranjana, P. Sudhir, Vivek Dhareshwar, ed., *Interrogating Modernity*. Calcutta: Seagull Books.

Manucci, Niccolao(1999). *A Pepys of the Mogul India(1653–1708)*. New Delhi: Srishti.

Maxmuller, F.(1959). edited, *Rig–Veda Samhita. English*. trans. H. H. Wilson, Poona : Ashtekar & Co.

Mishra, T. N.(2007). *Feminine beauty in Indian art and literature*. New Delhi: D. K. Printworld.

Moghadam, Valentine(1994). ed. *Identity Politics and Women*. Oxford: OUP.

Mukherjee, B. N.(2011). "Kalighat Patas–Paintings and drawings of the kalighat style, *Album of Art Treasures no. Three*. Kolkata: Indian Museum.

Narayan, R. K.(1972). *The Abduction of Sita– An extract from the shortened modern prose version of The Ramayana* (suggested by the Tamil version of Kamban). London: Penguin Books.

Parkes, Fanny(2003). Fanny Parkes Parlby, William Dalrymple, *Begums, Thugs, and White Mughals: The Journals of Fanny Parkes*. New Delhi: Penguin.

Paul, D(1985). *Women in Buddhism: Images of the Feminine in the Mahayana Tradition*. University of California Press.

Potter K.H.(1999). *Encyclopedia of Indian Philosophies* Vol. VIII: Buddhist Philosophy from 100 to 350 AD. Delhi: Matilal Banarsidass.

Prasertwaitaya, Leila(2011). "How to Create the Ideal Woman: South Asian Miniature Paintings at the Virginia Museum of Fine Arts". *Virginia Museum of Insights Symposium Paper*, March 1.

Puri, B.N.(1968). *India Under the Kushanas*. Bombay: Bharatiya Vidya Bhavan.

Rai, Rameshwar(2012). "Women in Hindi Poetry", *THINK INDIA QUARTERLY*, VOLUME 15, NUMBER 2, 100–107.

Ray, Bharat(1997). ed., *From the Seams of History*. Delhi: OUP.

Roy, Kumkum(2001). ed. *Women in Early Indian Societies*. New Delhi: Manohar.

Salamon, R.(1999). *Ancient Buddhist Scrolls From Gandhara: The British Library Kharoshti Fragments*. London: The British Library.

Saraswati, L. Ayu(2013). *Seeing Beauty, sensing Race in Transnational Indonesia*. Honolulu: University of Hawaii Press.

Sen, Amitya(1993). *Hindu Revivalism in Bengal 1872–1905: Some Essays in Interpretation*. Delhi: OUP.

Sharma, Arvind(2002). *Women in Indian Religions*. Delhi: OUP.

Sharma, R.C.(1987). 'Mathura Sculptures", Album of Art Treasures, series one. Kolkata: Indian Museum.

Shastri, V. Ganapati(2002). *Indian Sculpture and Iconography: Forms and Measurements*. Pondicherry: Shri Aurobindo Society and Mapin Publishing.

The Hindu(2012). 'Beautiful and fair' preferred among surrogate mothers too, October 25.

Tharu, S & Lalita K(1991). *Women Writing in India 600 BC to the Present vol.I: 600 BC to the Early 20th Century*. New Delhi: The Feminist Press

Thorner, Alice and Krishnarj Maithereyi(2000). eds. *Ideals, Images and Real Lives*. New Delhi: Orient Longman.

Valmiki(1992). Srimad Valmiki– Ramayana 3Volumes. Anonymous trans., Gorakhpur: Gita Press.

Varadpande, M. L.(2006). *Women in Indian Sculpture*. Delhi: D.K. Fine Art Press.

VELIATH, CYRIL(2002). "THE MOTHER GODDESS IN INDIAN SCULPTURE", *Bulletin of the Faculty of Foreign Studies*, Sophia University, No.37.

Venkatachalam, G.(1927). *Contemporary Indian Painters*. Bombay: The National books.

Walli, Koshalya(1998). *A Peep Into The TANTRALOKA and Our Cultural Heritage*. New Delhi: Rashtriya Sanskrit Sansthan.

Wolf, N (1990). The Beauty Myth: How Images of Beauty Are Used Against Women. London: Vintage.

National Museum, New Delhi: India
Indian Museum, Kolkata: India

강명관(2012). 《그림으로 읽는 조선 여성의 역사》. 서울: 휴머니스트.

깔리다사(2002). 박경숙 옮김. 《샤꾼딸라》. 서울: 지식산업사.

깔리다사(2002). 박경숙 옮김. 《메가두따》. 서울: 지식산업사.

권기경(2010). 《신윤복과 미인도: 조선의 여인을 그린 화가》. 서울: 한솔수복.

국사편찬위원회(2011). 《몸으로 본 한국여성사(한국문화사36)》. 서울: 경인문화사.

동양복식연구회, 유금와당박물관(2010). 《아름다운 여인들− 중국 도용을 통해 본 미인과 복식》. 서울: 미술문화.

마리아 안젤릴로(2007). 《인도− 고대 문명의 역사와 보물》, 이영민 옮김. 서울: 생각의 나무.

마이클 설리번(1999). 《중국미술사》. 한정희 역. 서울: 예경.

베로니카 이온스(2004). 《인도 신화》. 임 웅 옮김. 서울: 범우사.

시앙쓰(2007). 《건륭황제의 인생경영》. 남경사범대학 중한문화연구중심 역. 서울: 세종서적.

시앙쓰(2009). 《황궁의 성》. 서울: 미다스북스.

이명수(1996). 《중국인과 에로스》. 서울: 지성문학사.

이옥순(1999). 《여성적인 동양이 남성적인 서양을 만났을 때−19세기 인도의 재발견》. 서울: 푸른역사.

이옥순(2007). 《인도에 미치다》. 서울: 김영사.

이인직(2012). 《혈의 누(이인직소설선)》. 서울: 문학과지성사

이재정(2005). 《의식주를 통해 본 중국의 역사》. 서울: 가람기획.

중국문화연구회(2009). 《중국문화의 즐거움》. 서울: 차이나하우스.

프랑스와 쳉(2009). 《아름다움에 대한 절대적 욕망》. 서울: 뮤진트리.

국립중앙박물관, 서울: 한국

인도박물관, 서울: 한국